情報を利益につなげる実践の読み方・使い方

FX
ファンダメンタルズ
の強化書

ロンドンFX
松崎美子

自由国民社

序 ファンダメンタルズ分析こそ
FXで勝つための最強知識

　ファンダメンタルズ（fundamentals）とは、経済の基礎的条件のことを指します。

　一口にファンダメンタルズと言ってもその範囲は広く、それぞれの国・地域の中央銀行の金融政策や長短の金利、さまざまな経済指標、政治情勢や要人の発言、戦争・紛争などの地政学リスク、災害や天候などすべてが入ると言っても過言ではありません。

　また経済指標には、総人口、財政収支、経常収支、外貨準備高、GDP成長率、物価上昇率、失業率、平均賃金、鉱工業生産指数など数多の指標があり、政府機関や民間機関などから日々公表されています。

　ＦＸにおける「ファンダメンタルズ分析」とは、これらのすべてを分析対象にして、為替の動向を予測する手法になります。

　そう聞くと、難しそうで自分には無理！という拒絶反応を示す人が多いですし、自分で取り組んだことがないにも関わらず、「ファンダメンタルズは効かない！」と豪語する人にも出くわしました。こういう話を聞く度に、それは違う！と感じる事例があります。それは、1999年の「ユーロ誕生」の時です。

　1999年に生まれた通貨ですので、それ以前のチャートがなく、テクニカルが一切通用しません。過去のチャートがない通貨、こういう恐ろしい現実をマーケット参加者は目の前にして、何をしたかと言うと、とにかくユーロを売りまくりました。

　売られに売られたユーロは当局による買い介入を経て、約3年という時間をかけ、ようやく安定したのです。ドイツマルクという世界最強の通貨が加わっていただけでは、信用を築くのには1年や2年では無理だったのです。

　その後、2009年10月に始まって市場をかく乱した「ギリシャ危機」では、

ユーロが政治的リスク、格付けの変更、長期金利の変動、金融政策など、ありとあらゆるファンダメンタルズの影響を受けたことは言うまでもありません。

　また、一時米国雇用統計の結果についてマーケットの反応が鈍くなったと言われた時期もありましたが、それも2020年2月のコロナ禍を境に大きく様変わりしました。再びファンダメンタルズの時代が到来したのです。

　ファンダメンタルズ分析とテクニカル分析は、両方とも相場を見る時に必要なものです。もしテクニカル的に重要なレベルがあったとして、なかなか抜けなかったのに、ある時スコーンと抜けたとしましょう。こういう時は、往々にしてファンダメンタルズ要因がきっかけになることが多いのです。

　私達が見ているチャートの右側は、常に白紙です。この白紙を自分なりの相場観で埋める（相場予想を立てる）作業は、経済指標などをベースにして、ここからの金融政策見通しや政治日程などを考え、総合して自分なりのシナリオを立てる──このシナリオが自分の相場観です。

　いくらやっても、自分の思い通りにはならない時期もあるでしょう。しかし、続けているうちに、実際の値動きと自分の予想との誤差が小さくなっていることに気づきます。少なくとも、自分の取引通貨が上がるか下がるかのシナリオを描くためには、ファンダメンタルズの助けを借り、そこにテクニカルを重ねると、二重の自信が持てると思います。

　テクニカル的にはまだ損切りのレベルに達していないが、たった今出た経済指標やニュース、要人発言を聞く限り、自分のポジションが収益を生み出す可能性は限りなく低いと感じれば、即損切りができ、傷を浅くすることもできます。

　次の図は、私が普段から気にかけている12のファンダメンタルズを示したものです。

金融政策 中央銀行が決定する金利	財政政策 緊縮？緩和？赤字幅など	経済政策 GDP その他の指標	政治 総選挙の時期 支持率など
長期金利 市場が決定する国債利回り	地政学リスク 戦争・紛争 難民問題など	要人発言 政治家 中銀関係者	格付け 国家の信用度
長期金利差 2年・10年国債が使われることが多い	ヘッドライン ニュースの見出し	需給 買いたい人 売りたい人	IMMポジション 投機筋の保有ポジション

　その時々により、注目される旬のファンダメンタルズは変わります。例えば、主要国で総選挙が実施される時は、「政治」が旬になります。

　例えば2020年では、この年はパンデミックの起こった年でしたが、COVID-19の行方、英国とユーロ間のBrexit交渉の進捗状況、アメリカの大統領選を巡る攻防、ヨーロッパの「EU復興基金合意」のタイミングなど、目まぐるしくマーケットのテーマが変わっていったこともあり、最も旬なファンダは「要人発言」でした。そして2022年では、「インフレ」と「中央銀行の緩和策からの出口戦略」でした。

　話が少しずれますが、ある眠れない夜に落合陽一さんのYouTubeを見ていた時に、落合さんは「バランスなんか考えんな。専門分野をとことん極めろ」、「わからないことは、わかるまで徹底して調べろ。ググッてもわからない場合は、自分の背景知識や読解力がなく、理解できない可能性がある。」と指摘していました。

　これは、ファンダにも通用するのではないでしょうか？つまり、目の前のマーケットで起きていることの本質を自分で読む（判断する）力がな

いので、どうやっても理解できない。しかし、ファンダメンタルズを極めれば、点（目の前の材料）がどんどん線になり、マーケットというものをいろいろな角度から眺められるようになり、自分のストラテジーに自信がついてきます。

　相場と対峙するには先読みや分析が必要となり、ファンダメンタルズ抜きではシナリオが描けません。ファンダを学ぶには時間がかかるかもしれませんが、基本がわかってくれば相場分析の幅が大きく広がります。

　マーケットで生き抜くためには情報が必要です。そして情報は「量より質」であり、情報の質により会得できる内容に差がつき、それが自分の描くストラテジーの正確さに影響します。

　これからファンダメンタルズを勉強する方には、できるだけ質の高い情報と接することをお勧めします。

　私が一番多く使うツールは、Ｘ（旧Twitter）です。このＸでの情報収集のコツは、「質の高い情報を流す人をフォローする」こと。これに尽きます。

　最後になりますが、皆さんにとって本書が、ファンダメンタルズ分析を習得しＦＸで勝ち続けるための一助となれば、望外の喜びです。

2023年8月吉日

ロンドンＦＸ　松崎　美子

CONTENTS

第 2 章
ファンダメンタルズの主役は中央銀行

第3章

注目すべき経済指標と見方の基本

第4章

ファンダを重視したFX取引の準備

第5章

通貨ペア毎の注意点と戦略ポイント

第6章
ファンダによる判断を補強するテクニカル

第 7 章

2023年以降のマーケット注目テーマ

第 1 章

為替を動かす
主なファンダメンタルズ要因

Fundamentals

1-01

通貨の需給

　私達が日常生活を送る中で、いろいろな需給に直面します。毎日の生活ではいちいち需給関係など気にしませんが、すべての生活の基礎は需給に左右されていると言っても過言ではありません。そもそも需給とは、「需要と供給」のことです。

市場価格が決定されるしくみ

　世の中には、米やトマトなど実に無数に近い商品が溢れていますが、ある商品の値段（**市場価格**）は、需要と供給の量で決まっていきます。

　その商品を買いたい人（**需要量**）が売りたい人（**供給量**）よりも多ければ、高くても買ってくれますので価格は上昇していき、反対に需要量よりも供給量が多ければ、価格を下げないと売れ残ってしまうので、価格は下落していきます（図表1）。

　そうして、**需要と供給のちょうど均衡した時点の価格（均衡価格）に近づくように、現在の市場価格**が形成されていきます。為替も基本的にはこれと同じです。

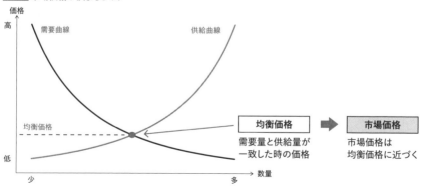

図表1 **市場価格が決まるしくみ**

すべての価格を直接動かすのは需給バランス

　ＦＸをやる私達にとって最もなじみ深い需給関係と言えば、それはシカゴ・マーカンタイル取引所（CME）が公表する**IMM通貨先物ポジション**でしょう。この指標は、週単位で投機筋のロング（買い）／ショート（売り）ポジションの動向も公表され、世界中の投資家から注目されています。

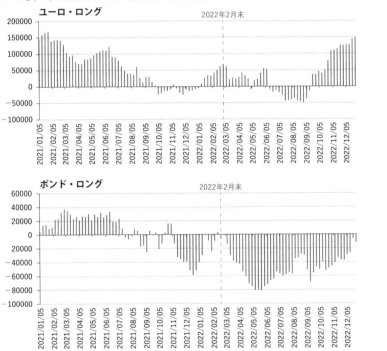

図表2 ユーロとポンドのIMMポジション（2021年〜2022年）

出所：米商品先物取引委員会（CFTC）

　図表2は、2021年〜2022年のユーロとポンドそれぞれのIMMポジションの推移です。2021年上半期は両通貨ともにロング気味ですが、21年後半からポンドはショートへ。そしてユーロは2022年から一気にロングが積み上がっているのがわかります。私は2月末時点でユーロのロングが牽引役となるユーロ高ポンド安を想定していました。

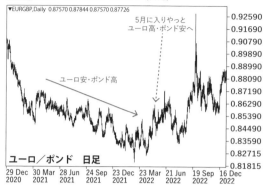

図表3 2021～22年のユーロポンド（日足）

▼EURGBP,Daily 0.87570 0.87844 0.87570 0.87726

5月に入りやっと
ユーロ高・ポンド安へ

ユーロ安・ポンド高

ユーロ／ポンド　日足

0.92590
0.91690
0.90790
0.89890
0.88990
0.88090
0.87190
0.86290
0.85390
0.84490
0.83590
0.82715
0.81815

29 Dec　30 Mar　28 Jun　24 Sep　23 Dec　23 Mar　21 Jun　19 Sep　16 Dec
2020　　2021　　2021　　2021　　2021　　2022　　2022　　2022　　2022

　しかし、結果は逆でした。その後も数ヵ月にわたりユーロ安ポンド高の
トレンドが継続（図表3）。
　このように、**需給のバランスが通貨に反映されないケースもある**ことは
覚えておいてください。

需給バランスが崩れた時に価格が飛ぶ

　需給バランスについてわかりやすい例を挙げると、2022年2月24日に起
きた**ロシアによるウクライナ侵攻**かもしれません。あの時はコモディティ
大国のロシアが戦争に加担し、厳しい経済制裁を西側から科せられたため、
原油や穀物、レアメタルなどの輸出がストップしました。ロシアは米国、
サウジアラビアに次ぐ世界第3位の石油産出国です。そこから原油や天然
ガスが供給されないとなれば、価格は上昇するに決まっています。
　このように、需要は変わらないのに供給が減少すれば、需給のバランス
が崩れ、価格変動が起こります。為替市場も同様で、ある通貨を買いたい
人（需要）と売りたい人（供給）のバランスによりプライスが成立しますの
で、買いたい人が多ければプライスは高くなり、売りたい人が多ければ低
くなるのです。

　何かのきっかけでこの需給バランスが大きく崩れると、当然プライス
は飛びます。**チャートが窓を開ける**時などが、その良い例かもしれません。

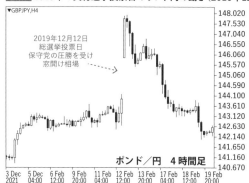

図表4 2019年の英総選挙投票日のポンド円の動き（2019年12月12日）

図表4は2019年12月に英国のボリス・ジョンソン首相（当時）が解散総選挙に打って出て、見事に圧勝した時のチャートです。サッチャー政権以来の保守党マジョリティ80議席という驚くべき結果となり、いかなる政策でも議会で可決することができるオールマイティー政権となったご祝儀で、ポンド円は大きく買われて**窓開け上昇**となりました。

投機的な短期需要で動く

ＦＸでも株でもマーケット参加者をざっくり分けると、**実需筋**と**投機筋**に分けられます。実需筋というのは、輸出企業や資本取引の必要性に迫られて為替の売買をする人達を指します。これに対し、投機筋というのは純粋に為替売買を通して利益を得ようとする人達です。

投機筋の中には、個人投資家、金融機関の自己勘定取引、機関投資家、ヘッジファンドなどが含まれますが、東京市場では実需筋がメインの動きとなり、投機筋はロンドンやニューヨーク市場でよく見かけます。

投機筋はとにかく儲けなければいけません。その中でも生保や年金資金などの機関投資家は長期トレンドを追いますが、**個人投資家やヘッジファンドは大きなトレンドも小さなトレンドや動きも追いかけてきます。**

こう考えると、投機筋の動きやポジションの傾き、つまりは需給をきちんと把握せずに取引してしまうと、大やけどをすることもありますよね。

1-02 政策金利の引き上げと引き下げ

　2008年9月のリーマン・ショックを契機にした世界金融危機以降、世界の中央銀行は利下げか量的緩和策による政策運営で乗り切ってきました。

　2020年春のパンデミック以降はコロナ禍における経済対策として事実上のゼロ金利政策を取る国が増えるなど、この流れは強化されてきましたが、2022年にはトレンドが大きく変わり、**デフレから一気に高インフレの世界へ突入**したのです。

　最近FXを始めた個人投資家の方は、「利上げ」という言葉自体にも不慣れかもしれません。そこで事例を挙げて説明をするとともに、政策金利の利上げと利下げそれぞれのしくみについても簡単に説明します。

利上げのしくみ

　景気が良くなって人々の雇用も安定してくると、需要が高まります。そうなると、徐々にモノの値段が上がりインフレ傾向が目立つようになってきます。

　その時にインフレが行きすぎないようコントロールするのが、**中央銀行**（Central Bank）です。中央銀行の責務は「物価安定の維持」であり、インフレ率が上昇してくれば金利を上げ、行きすぎないようにブレーキ（金融引き締め＝政策金利の引き上げ）を踏みます（図表5）。

　中央銀行のブレーキを踏むタイミングは、早すぎても遅すぎてもいけません。早すぎれば、まだ経済が利上げに耐えられるほど改善していなかったり、長期金利が上昇して企業などの借り入れも苦しくなることで、景気の腰を折ることになります。逆に遅すぎた場合は、糸の切れた凧のようにインフレ率が急騰し、私達の生活が脅かされることにもなりかねません。

　それでは、中央銀行はどうやってブレーキを踏むタイミングを見極めるのでしょう？各国の中央銀行には「**インフレ目標（インフレ・ターゲッ**

ト）」というものが設定されており、これと実際のインフレ動向との関係を見ながら、利上げのタイミングを決めます。インフレ目標については、詳しくは第2章でお話しします。

　このように利上げの時は、中央銀行は常に先手を打ち、小刻みに利上げを繰り返すことが求められます。前述のように、一気に利上げをやられてしまうと、企業の事業活動や個人の日常生活にも支障が出てくるからです。そのため、例えば利上げの度に利上げ幅が違うとか、予定されていた金融政策理事会とは別のタイミングで無理やり利上げを行うといった無節操な利上げが繰り返されると、マーケットの**ボラティリティ**（価格変動の大きさ）が上がり、金融市場の安定を損ないます。

　中央銀行は金融市場の安定を守る警察のような立場ですから、彼らが率先してボラティリティを上げることは許されません。そのため、利上げが始まれば、粛々と淡々と同じペースで利上げをし、マーケットを安心させることが求められます。

図表5 中央銀行が行う政策金利の操作

利上げした時のマーケットはどう動くか

　2021年12月、イングランド銀行（BOE）は予想外の利上げに踏み切りました。前月の理事会では利上げ観測が強かったのですが、その時はどういうわけか中銀は利上げを見送り、マーケットは失望感に覆われていました。

　「あれだけ利上げ環境が整っていた11月に上げないのだから、12月にやるわけがない。そして1970年代以降、クリスマスで出費がかさむ12月に利上げをした前例はないから、当然今回も見送りだろう。」これがその時の**マーケットのコンセンサス**でした。

　ところが驚いたことに、イングランド銀行は0.25％の利上げに踏み切りました。マーケットは全く予想もしない展開に驚き、ポンドは対ドルで約100pipsの上昇（図表6）。

　このようにマーケットに意外感を与える動きや、全く織り込まれていない動きが出現すると、当該通貨のボラティリティが一気に高まるのです。

図表6　予想外の利上げに反応したポンドドル（2021年12月16日）

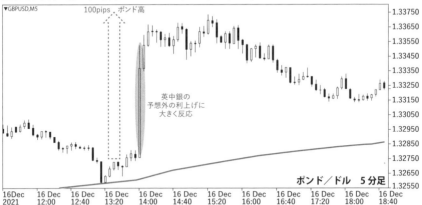

利下げのしくみ

　過去の利下げは利上げ同様、淡々と同じペースで行われることが多かったのですが、2008年の金融危機や2020年からのパンデミックなど、緊急

時の利下げは例外です。

　パンデミックの頃を思い出してください。コロナ感染が猛威をふるっていた2020年3月3日、G7財務相による電話会議が開催されました。そこで発表された声明文には、「G7各国は協調して適切な政策ツールを使うことを再確認する。G7財務相と中央銀行総裁は、しかるべきタイミングで効果的な対策を協力して行う準備がある。」と書かれていました。

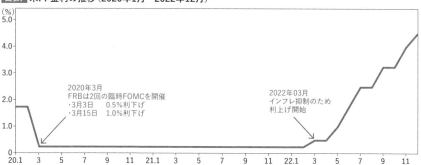

図表7 米FF金利の推移（2020年1月〜2022年12月）

　しかし、G7声明が発表された数時間後、突如としてマーケットに激震が走ったのです。それは**米連邦準備制度理事会（FRB）**が単独で、FF金利誘導目標を1.50〜1.75％から1.00〜1.25％へと0.5％の政策金利カットに動いたからです（図表7）。

　FRBの緊急政策金利引き下げのすぐ前に、G7各国が協調したアクションを取ると発表したばかりなのに、単独での利下げを見た私達は理解に苦しみました。

　この利下げ決定の2週間後には、次のFOMCが予定されていました。もしかしたら追加でまた0.5％の利下げが実施されるのではないか？こういう観測が出てきたため、ドルは大きく下落せざるを得ない状況となりました（2020年3月15日、FRBは定例のFOMC開催を待つことなく、再度1.0％の緊急利下げを行いました）。

1-03

 # 量的緩和（QE）

　2008年9月の世界金融危機が起こるまで中央銀行の金融政策ツールは、政策金利の引き上げと引き下げがメインでした。当時は、ほとんどの中央銀行の政策金利が既に0%近くになっていて追加利下げができず、非常手段として非伝統的措置の「**量的緩和**」という領域に踏み込んだのです。

　量的緩和策とは、一口で言えば「**中央銀行が市場への資金供給量を大幅に増やして景気を刺激すること**」ですが、次のようにいろいろな種類があります。

図表8 量的緩和の主な種類

名　　称	内　　容	主な適用国
量的緩和策 （Quantitative easing、QE）	国債、社債などの資産を買い取り、マネタリーベースを拡大する	各国
フォワードガイダンス	将来の金融政策の方向性に対する指南	各国
LTRO ／ TLTRO FLS	銀行から民間企業への貸し出し活性策	欧州中銀 英国中銀
ELA	緊急流動性措置	欧州中銀
イールドカーブ・コントロール（YCC）	長期金利を一定レベル付近に誘導する手段	日本銀行、豪州準備銀行

＞欧州中銀（ECB）のPEPP

　2020年にパンデミックが発覚して以来、ECBは既存の量的緩和策（APP）に加え、パンデミック危機対策に特化した新しいQE策も追加しました。

　同年3月12日のECB理事会で、APPを1200億ユーロ増額したばかりでしたが、約1週間後に緊急発表をし、**パンデミック緊急購入プログラム（PEPP）**を発表したのです（図表9）。

　PEPPはAPPより柔軟性に富み、「各国の拠出金割合（キャピタル・キ

ー）は無視し、必要な国の国債を購入する。そして、APPでは購入対象外となっていたギリシャ国債も対象に含む」ということでした。

　これだけ大胆なQE策の実施に踏み切ったECBですが、果たしてユーロにとっては買い材料なのか、売り材料なのか？これは難しい問題でした。APPとPEPP合計で、当時は毎月約1000億ユーロ規模の量的緩和を継続しており、常識的に考えれば、ユーロには下落バイアスがかかりやすい環境でした。しかし、ECBの本気度を感じた市場参加者の中には、ユーロは買いと見る向きもありました。

量的緩和策のやり方の違い

　米英欧日、どの国の中央銀行も国債購入を含む量的緩和策（QE）に踏み切りました。しかし、そのアプローチには違いがありました。

　アメリカやヨーロッパでのQE策は、毎月の購入額を設定し、一定条件を満たすまで購入を継続するやり方を選びました。これを「**オープン・エンド**」と呼びます。つまり、終了時期（エンド）は、未定（オープン）という意味です。

　これに対し、英国はQE策の総額と終了時期を最初に決定してしまい、その中でやりくりする方法を選びました。総額不足になる前に、必要とあれば増額と延長を実施しながら、イングランド中銀は常に終了時期をはっ

図表9 PEPP発表時のユーロドル（4時間足）

2020年3月12日
既存のQE策増額＋TLTRO3

3月18日
新しい量的緩和策
PEPP発表

ユーロ／ドル　4時間足

きりとマーケットに示しました。

このように同じQE策でも、アプローチが違っていたことは覚えておいてください。

テーパリングの発表

テーパリングとは、「**量的緩和策の縮小**」を意味します。つまり、テーパリングを開始するということは、中銀は毎月の国債購入額を減らし、最後はゼロにし緩和策を終了。そこからは金融政策の正常化の一環として利上げに動くことを意味します。

古い例ですが、2017年6月、ポルトガルで開催されたECB年次フォーラムで、その「事件」は起きました。初日にオープニング・スピーチを行った当時のECBドラギ総裁は、「金融緩和の解除は急がない。」と前置きしながらも、ユーロ圏経済が改善基調にある点や「デフレからリフレへの変更」を明言したのです。

この政策変更の可能性を受け、マーケット参加者はECBが予想より早くテーパリングを含む緩和策の解除に踏み切ると判断し、ユーロが大きく上昇しました。

図表10 2017年6月、ドラギ総裁発言で上昇したユーロドル（日足）

▼EURUSD,Daily

ユーロ／ドル　日足

2017年6月27日
ECB年次総会
ドラギ発言

1-04

為替介入

為替介入とは、通貨当局が自国通貨の安定を目的として、為替相場の急激な変動を抑えるなどの影響を及ぼすために、為替市場で通貨取引を行うことを言います。日本では、為替介入は財務大臣の権限において実施することとされており、日本銀行は財務大臣の代理人として、その指示に基づいて為替介入の実務を行います。

為替介入は秘密裏に行われる

2020年12月、ドル円が102円台までドル安円高となった時、当時の菅首相から「100円だけは絶対に割らないようにするよう！」とお達しが出たという噂がマーケットに流れました。

常識的に考えれば、一国の、それも日本の総理が一定のドル円レベルを具体的に示唆し、介入指示をしたようだというヘッドラインが出ることはあり得ません。というのも為替介入については、2010年11月に韓国で開催されたG20会合で、**「短期的な競争上の利益を得る目的で（各国が）為替変動に関与することを避ける」**という決定がなされ、**自国通貨の適正水準はマーケットが決定するということで合意している**からです。

百歩譲って菅総理が本当に「100円」と具体的なレベルを指摘したとすれば、大きな間違いを犯したことになります。為替については、決して具体的なレベルは公開しないこと。これが知れ渡ると投機筋に絶好のターゲットにされてしまい、彼らは確実にそのレベルを割る行動に出ます。さらに過熱すれば、より多くの市場参加者が100円割れを叩いてきます。それがマーケットの法則かもしれません。

もともと介入は、相場の急激な変動に対しその勢いを一時的に緩和することはあっても、相場のトレンドを変えることは極めて困難ですので、時として逆効果になります。そして諸外国の理解も得られません。

介入で動くマーケット

　2022年2月24日、ロシアがウクライナ侵攻に踏み切って世界中を驚かせたことは、皆さんも記憶に新しいところでしょう。これを受け、ロシア・ルーブルは急落。そこでロシア中銀はすかさずドル売り／ルーブル買いの為替介入を実施しました。

　ロシア中銀の外貨準備高は世界第5位でしたので、自信を持って介入していたのでしょう。しかし、誤算はその数日後に起きました。西側諸国によるロシア制裁の影響で、中銀が保有する外貨準備の半分以上へアクセスができなくなったのです。そこからのルーブルは、フリーフォール（自由落下）状態でした。

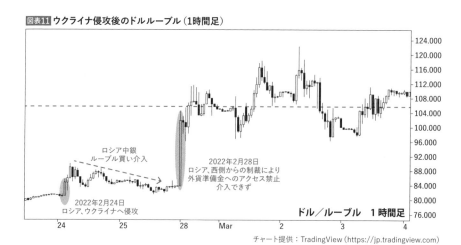

図表11 ウクライナ侵攻後のドルルーブル（1時間足）

チャート提供：TradingView（https://jp.tradingview.com）

　あまりにも古い例で気が引けますが、私がまだ銀行のディーリング・ルームで働いていた1998年に、**ロシア危機**を経験しました。この時、ロシアがデフォルト（債務不履行）し、ルーブルも急落（図表11）。ロシア中銀はルーブル安を食い止めるため、政策金利を150％くらいまで引き上げましたが、最終的には通貨切り下げを迫られました。経験から申し上げますと、通貨防衛目的の過度な利上げは、自分で自分の首を絞める以外の何物でもありません。

こういう危機時には、世界中の投資家の資金は、**安全性を最優先し質へ
の逃避**をし、米国債へ流入。その結果、アメリカの長期金利は大きく低下
し、ドル安を引き起こしました。同時に、ロシア危機の早期収束を見込ん
でポジションを偏らせていた米投資ファンド：LTCMの破綻もあり、長期
金利低下によるドル安は、巡り巡ってドル円を直撃したのです（図表12）。

図表12 1998年のロシア危機時のドル円（週足）

2022年秋の日本のドル売り／円買い介入

　2022年3月10日時点で116円前後だったドル円は、そこからドル高に振
れて4月末には130円を超え、9月に入ると145円に迫るまで円安が進みまし
た。この急激な円安に対し、9月22日と10月21日、政府・日銀はドル売り
／円買いの為替介入を実施しました（166ページ参照）。2011年11月に行っ
た、東日本大震災後の円高阻止のための協調介入以来のことでした。

1-05 要人発言

　マーケットを動かす要因の中でけっこう頻繁に起きるのが、要人発言です。ここでは、中央銀行関係者と政治家による発言で動いた例を挙げてみます。2例ともユーロです。

口先介入とは？

　通貨はフェアバリュー（適正価格）に留まっていることはなく、高くなりすぎたり安くなりすぎたりを繰り返します。そういう時に出てくるのが、通貨のレベルが行きすぎであるとクギを刺す意味で、中央銀行や政府の関係者が発言する「口先介入」です。

〔事例〕ECBのユーロ高けん制口先介入

　ここでは2020年にECB理事たちが、相当しつこくユーロ高についてけん制した例をご紹介しましょう。

　まず同年8月27日に、レーンECB主席エコノミストが米CNBCテレビに出演し、「ECBは必要であれば、（追加緩和を）もっとやる準備がある。ECBは為替レートを政策ターゲットにはしていないが、ユーロドルのレートは、重要である。」と発言。

　9月に入ると、10日に開催されたECB金融政策理事会記者会見スタート直後に、「ECBはユーロ高に対し、過剰に反応する必要がないということで一致」とヘッドラインが出ました。マーケット参加者はてっきりラガルド総裁の発言だと勘違いし、ユーロは一気に上昇。しかし後ほどわかったことですが、某通信社がECB理事会からの発言としてこのヘッドラインを含む報道をしたことがわかりました。つまり、この発言はラガルド総裁のものではなく、あくまでも**ECB理事のどなたかのご意見**ということ。しかしマーケットは容赦なくユーロ高へ（図表13）。

図表13 2020年9月のユーロドル（1分足）

▼EURUSD,M1

ユーロ／ドル　1分足

21時30分
ラガルド総裁記者会見
スタート

20時45分
「ユーロ高」について
言及なし

総裁記者会見終了

21時31/32分
「ECBはユーロ高に対し
過剰に反応する必要がない
と合意」

1.19175
1.19100
1.19025
1.18950
1.18875
1.18800
1.18725
1.18650
1.18575
1.18500
1.18425
1.18350
1.18275

10 Sep 2020　10 Sep 14:22　10 Sep 14:38　10 Sep 14:54　10 Sep 15:10　10 Sep 15:26　10 Sep 15:42　10 Sep 15:58　10 Sep 16:14　10 Sep 16:30　10 Sep 16:46　10 Sep 17:02　10 Sep 17:18

　記者会見が始まってすぐにラガルド総裁は、「最近のユーロ高がインフレ見通しに与える効果についてECBは分析するつもりだ。ECB金融政策理事会は、最近のユーロ高について協議したが、為替レートに特定のターゲットを設定していない。我々は為替市場を注視しており、これからも継続する。ユーロ高は物価安定の維持にネガティブなプレッシャーをかける。」と、かなり多くのユーロ高に関する発言をしました。**記者会見で通貨レベルについてこれだけ多く発言することは、非常に異例なこと**だと思います。

　その後も、通貨高についての発言がたくさん出ましたが、過去のユーロ高けん制口先介入を見る限り、素直にユーロが下がったことはありません。

　当時の状況を振り返ると、ユーロ圏のインフレ率は2020年8月からマイナス圏に入ってしまい、通貨高が加速するとそれがさらにインフレ率を下げてしまうというジレンマがあり、是が非でも通貨高は避けたかったと思われます。

> **ユーロ高とインフレ見通しの関係**

　話が古くなって恐縮ですが、2014年3月6日のECB理事会後のドラギ総裁（当時）記者会見で、同総裁は、ユーロ実効為替レートとインフレ率との関係について説明をしました。これが、その時の発言。

「ユーロ実効レートが10％上昇すると、インフレ率を0.4 ～ 0.5％押し下げる」

2020年はパンデミックで世界各国どこも景気が悪化し、インフレ率もマイナスに突入しました。その中での通貨高は、より一層の低インフレやデフレを招くため、ECBも必死だったのでしょう。

〔事例〕ドイツ経済相の発言とユーロ安

ロシアのウクライナ侵攻以降、ロシアへの経済制裁として、ヨーロッパはロシアからのエネルギー輸入を一部の例外を除いて禁止しました。しかし、ヨーロッパ全体では4割のガスがロシア頼みであることには変わりなく、各国とも代わりの供給先の確保に必死でしたが、そんな隙を突いてロシアからの動きが出てきました。

＞ガスプロムが欧州向けガス供給、6割カット

2022年6月中旬、世界最大の天然ガス企業であるロシアの**ガスプロム**が、ドイツ、イタリア、フランス、オーストリアへのガス供給量を最大6割削減していたことが発覚しました。その削減理由としてガスプロムは、**ノルドストリーム1**（ロシアとドイツを結ぶ天然ガスパイプライン）のパイプ修理をしているが、その機械がカナダから届かないという曖昧な返答をしていました。

EUの基本ルールは、ガス需要が低い夏の間に貯蓄をし、11月1日のシーズン開始までに、全体の貯蓄量の80％を貯めておくことですが、削減が続けばそれも無理になります。

＞ドイツ経済相からの警告

ガスプロムからの供給削減を受け、ドイツが動き出しました。まず6月23日にハーベック経済相兼副首相が、「もう隠しても仕方がない。ドイツはプーチン大統領による経済攻撃を受け、ガス供給が追いつかなくなっている。プーチン大統領の作戦は露骨に不安をかきたて、ガス価格の高騰を通じて我々の社会を疑心暗鬼にさせている。皆さんはまだそう感じていないかもしれないが、ドイツは現在ガス危機の真っ最中である。この瞬間から、ガスは希少品であるという認識を持って欲しい。」と国民に呼びかけ、同国は緊急措置の第2段階に入ったと発表。これを受け、ユーロは下落しました（32ページの図表15）。

この日はドイツ以外にも、スウェーデンが第2段階突入を発表。その翌週にはスイス政府も、冬には配給制を覚悟するよう国民に警告しました。

図表14 ドイツの緊急措置

名　称	内　容	政府による介入
第1段階（早期警報）	エネルギーの節約を心がける	－
第2段階（非常警報）	ガス供給が追いつかない状況に陥る	ガス供給会社が顧客のガス代値上げを許可する法律が有効となる
第3段階（非常警報）	国家として必要なガスが供給できなくなり、不足分を補う手段がなくなる	企業や世帯へのガス供給を配給制とする

ヨーロッパで、ガス不足で冬が越せなくなるリスクが一気に台頭した瞬間です。

> **ドイツ、エネルギー会社救済に公的資金注入を決定**

7月に入ると、ドイツ最大のロシア産ガス購入企業である**ウニパー**がロシアから入ってこなくなったガスの不足分を穴埋めしようと割高のスポット価格で他からガスの購入をしていたため、資金難となったことが発覚。

この時点ではまだドイツ憲法では、ガス価格の上昇分を顧客である国民に負担してもらうことは禁止されていましたが、それを認める法案を7月5日に提出。そしてウニパー救済の公的資金額は90億ユーロとも言われており、この一部も国民負担となることを政府は否定しませんでした。

ただし、負担をお願いするタイミングはすぐにではなく、後々に検討するという感じでした（後にドイツ政府は9月21日、ウニパーの国有化を発表）。

> **エネルギー危機とユーロ売り**

7月に入り、日を追うごとにガス不足を巡る報道がエスカレートし、「ヨーロッパのガス不足＝リセッション（景気後退）リスク」ということで、ユーロも欧州株も売られ、国債が買われ長期金利が低下するという典型的なリスク・オフ相場となりました。そしてやはり7月5日には、ガスプロム

がノルドストリーム1のガスパイプのメインテナンス工事を7月11日から21日に実施すると発表。この期間は、ガスは一切配給されません。

　そしてあくまでも噂ですが、メインテナンス期間が終了しても、プーチン大統領は政治を武器にして供給をストップしたまま時間稼ぎをするのではないかという観測が出て、ユーロも欧州株も急落。大手銀行は、ユーロドルはパリティー（1.0000）を割り0.95台くらいまでいくという顧客レポートを出した模様でした。

　果たして2022年の秋冬をヨーロッパは越せるのか？ユーロや欧州株はどうなる？という前代未聞の危機状態を嫌気し、下落から戻る気配はありませんでした（図表15）。

図表15 2022年夏のエネルギー危機時のユーロドル（1時間足）

1-06 経済指標

　経済指標には実にさまざまなものがあります。詳しくは第3章で説明しますが、ここでは2020年5月8日に米労働省 (BLS) が発表した「4月雇用統計」を例に取って説明してみようと思います。

米国雇用統計発表で起きたリリーフ・ラリー

　2020年4月と言えば、海外ではパンデミックによるロックダウンに突入したばかりの時期と重なります。私が住むイギリスでは同年3月からロックダウンが始まり過去に経験したことがない事態となったので、私自身も相当の不安を感じたことを覚えています。

図表16 2020年4月分の米国雇用統計（2020年5月8日発表）

名　称	3月	4月予想	4月結果	備考
非農業部門雇用者数 （NFP）	−70.1万人 ↓ −87万人 （改定値）	−2,200万人	−2,050万人	1939年統計開始以来、最大の落ち込み
失業率	4.4%	16%	14.7%	1948年統計開始以来、最悪の数字
労働参加率	62.7%	61%	60.2%	1973年以来、最悪の数字
不完全雇用率 （U6）	8.7%		22.8%	
平均時給（前月比）	＋0.4%	＋0.5%	＋4.7%	

　ロックダウンで、スーパーと薬局以外のすべての店が閉店していましたから、雇用市場が統計開始以来最も厳しい内容となるのは当たり前でしょう。しかし、いざフタを開けてみると事前予想よりも良い結果となったことを受け、ドルが買われたことはある意味納得です。おかしいと思う気持ちはわかりますが、あの当時は絶望のどん底でしたので「事前予想より

は、悪くないじゃん！」というおかしな理屈で、**リリーフ・ラリー**（最悪の事態や不透明な状態から脱した安堵感から相場が反転すること）が起きることは、アリだと思いました（図表17）。

図表17 最悪の雇用統計発表でもドル円は上昇（15分足）

PMI発表時の一時的な反応

　次は、2020年11月23日に発表された米国の11月**PMI**（**購買担当者景気指数**）速報値の例です。PMIは企業の購買担当者へのアンケート調査を基にした指標で、景気の先行指標の1つとされています。

図表18 2020年11月の米国PMI速報（2020年11月23日発表）

項　目	10月	11月予想	11月結果
製造業	53.4	53	56.7
サービス業	56.9	55	57.7
総合	56.3		57.9

　2020年11月と言えば、アメリカ大統領選が実施され民主党のバイデン候補が当選した月でした。
　PMIの結果は予想を超えてプラスでした。この指標発表と同時に指標の発表元であるIHSマークイット社のエコノミストが出したコメントを読む

と、「米大統領選後の米経済を占う上で重要な数字。非常に良い数字となった。製造業、サービス業ともに、ビジネス活動は2015年3月以来の強さで戻ってきた。これは需要が戻ってきたからであり、結果として企業は新規雇用に動いており、その速さは2009年以来である。これだけ需要が強くなった背景には、大統領選が終わった安堵感と、ワクチン誕生への期待感によるものである。」と書かれていました。

しかし、このコメントを読みながら米長期金利をチェックした私は、違和感を覚えたのです。ここに書いてあるほど先行きの見通しが明るいのなら、**長期金利が上昇しなければ辻褄が合わない**はずなのに、待てど暮らせど上がっていかない…。こういう時は、ドル買いを追いかけてはいけない典型的な例だと思ったのです。

実際、指標発表と同時にドル円は大きく上昇しましたが、最終的には年末に向けて下落していきました（図表19）。

ドル円と米長期金利（米国10年物国債利回り）は必ずしも相関があるわけではありませんが、私は自分が違和感を覚えた時は素直にそれに従うようにしています。必ずしも指標の結果のセオリー通りに動くとは限らないからです。

図表19 PMI速報を受けて上昇したもののドル円は結局下落（4時間足）

▼USDJPY,H4

2020年11月23日
強いPMIを受け
ドル高へ

ドル／円　4時間足

104.875
104.695
104.515
104.335
104.115
103.975
103.795
103.615
103.435
103.255
103.075
102.895
102.715
102.535

16 Nov 19 Nov 24 Nov 26 Nov 1 Dec 4 Dec 8 Dec 11 Dec 16 Dec 18 Dec 23 Dec 29 Dec 31 Dec
2020 06:00 00:00 16:00 06:00 16:00 06:00 00:00 16:00 06:00 16:00 16:00

1-07
選挙や政治など

　選挙や政治などにも実にさまざまなものがあります。ここでは2019年12月の英国の解散総選挙などを例に取り、説明してみます。

英国の解散総選挙（2019年12月12日）

　2019年12月、ボリス・ジョンソン首相（当時）は大きな勝負に出ました。解散総選挙の実施です。同年7月にメイ元首相から首相の座を奪い取ったボリスですが、保守党の議席数が過半数以下であるため、政策運営を思うように操れないというジレンマを抱えていました。

　そこでボリスは自分の人気が高いうちに過半数を取り戻そうと、賭けに出たのです。この読みは見事的中し、保守党は80議席のマジョリティーを確保する大勝利となりました。

　保守党勝利の最大要因は、3年半に及ぶ先行きの見えないBrexitのイライラに国民はとことん愛想をつかしており、どうにかして泥沼から抜け出せないか？それには保守党しかいない、と判断したからでしょう。

　もう1点忘れてはいけないことは、**保守党大勝は労働党大敗を意味していること。** イングランドの中部／北部／北東部は、Red Wall（赤い壁）と呼ばれる伝統的な労働党基盤の地域で、100年以上にわたる労働党支配が続いている選挙区もありました。ボリスはインフラ整備用の特別予算と雇用創出を約束したため、それらの選挙区のほとんどが保守党に票を入れたのです（図表20）。

　どうして伝統的な労働党支持者がインフラ整備と雇用という理由だけで保守党に寝返りを打ったのか？これには理由があります。この地域の人達は、いわゆる「労働者階級の人たち」であり、その層は圧倒的に離脱支持者が多いのです。そういう人達にとっての優先順位は、**政治思想よりもEU離脱**だったからでしょう。

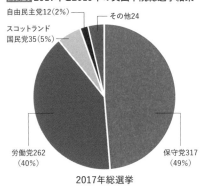

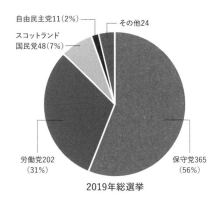

図表20 2017年と2019年の英国下院総選挙結果

2017年総選挙

2019年総選挙

その結果、為替市場では56％という1987年サッチャー政権以来の議席数を獲得したボリス政権を好感し、ポンドは大きく上昇して窓開けで開始（図表21）。政治相場の始まりとなりました。

図表21 英国下院総選挙の結果とポンドドル

元首相遭難事件（2022年7月8日）

2022年7月10日は日本の参議院選挙投票日でしたが、その2日前、安倍元首相が奈良市内の近鉄大和西大寺駅前での街頭演説の最中に銃撃され、その後亡くなられました。

そのニュースが伝わると、ドル円が下落し、一気に円高への動きとなりました（図表22）。この事件が起きた時、私はまだロンドンで就寝中でしたが、朝起きてニュースを知って驚愕するとともに、どうして円高になるのか、全く理解できなかったのです。

　もちろん大変な出来事でリスク・オフですので、通常であれば安全通貨と言われる円は買われますが、今回日本は当事国になりますので、それで円が買われるというのは違和感しかありませんでした。

　よくよく調べてみると、安倍元首相が掲げた「アベノミクス」では過去に例がないほどの大胆な金融緩和を継続しており、元首相は最近の物価高やインフレ率の上昇を受け、自民党内でも利上げ論が台頭していることに警戒感を露わにされていたそうです。

　このように自民党の最大派閥を率いる元首相の意向は利上げを難しくするハードルになり得ましたが、その影響力がなくなると日銀が利上げに舵を切るのではないか？という思惑が台頭し、円高という反応となったようです。政治的な問題に対する反応は、なかなか一概には読めないものがあります。

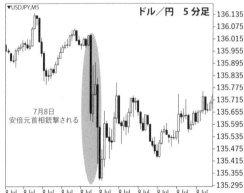

図表22 安倍元首相遭難事件とドル円

1-08
地政学リスク

　地政学リスクとは、**ある特定地域における政治的、軍事的、社会的な緊張の高まりが、その地域や世界経済にマイナスの影響をもたらすこと**を言います。

　最近の地域紛争の例としては、2019年の香港の大規模デモや2021年のミャンマーのクーデター、アフガニスタンのタリバン政権の復権などがありました。その他現在も継続する主な問題としては、**北朝鮮の核開発・ミサイル問題**、台湾問題も絡んだ**米中対立**などがあります。

　そして、2022年2月に突如として起こったロシアによるウクライナ侵攻も、1年以上経っても終息することなく現在に至っています。

〔事例〕ロシアによるウクライナ侵攻

　忘れもしない2022年2月24日、ロシアによるウクライナ侵攻が始まりました。2022年は、ロシア革命の後**ソビエト連邦が誕生した1922年から100周年**に当たる年であり、ロシアのプーチン大統領にとっても非常に記念すべき年だとのことです。プーチン氏は1991年のソビエト連邦崩壊を後悔しており、できることなら時計の針をもう一度戻して「共産主義：強いロシア」を復活させたいと切望しているそうで、そのためには「やることはやる」覚悟だったのかもしれません。

＞ウクライナのNATO・EU加盟方針がロシアを刺激

　そもそも、なぜこのような事態が起きたのかと言えば、2019年にウクライナがNATO（北大西洋条約機構）とEUへの加盟を目指す方針を発表したことがきっかけとなったようです。

　ロシアは2021年に同国のNATO加盟を認めないだけでなく、NATO軍がウクライナを守っていると主張し、徐々にロシア軍を国境近くに配備。気がついたらその規模は10万人にもなっていました。これだけの軍隊を配備

するには多額の費用を使っていますから、何の成果もないままむざむざと引き下がるわけはありません。そんなことをしたら、ロシア国内での自身の尊厳や立場が弱くなるからです。

とうとう2022年1月21日に、アメリカを始めとする各国がウクライナの大使館員などを避難させ、事態は最悪のケースへと動き出したのです。

その2週間後の2月4日から開催された冬季北京オリンピック開会式にプーチン大統領も出席しましたが、「もしかしたらこのオリンピック期間中にロシアがウクライナへ侵攻するのではないか」という憶測もありました。

と言うのも、2008年夏の北京オリンピックの開催中に、ロシアから独立したグルジアと同国から独立を求めている南オセチア自治州の軍隊が衝突し、その翌日にロシア軍が軍事介入をした事実があるため、またしてもロシア軍の同じような動きがあってもおかしくないという論理でしょう。

同時に、オリンピック期間中の2月10日〜20日に、ロシアとベラルーシが共同軍事演習を行ったことも、世界は緊張しながら見守っていました。

ウクライナ侵攻開始時のマーケット

2月24日、私が朝起きた時には既に侵攻が始まっていたようで、現地時間の午前5時に最初の攻撃が確認されたというTwitter（現在のX）を見ました。

図表23 ウクライナ侵攻直後からのドルインデックスの推移

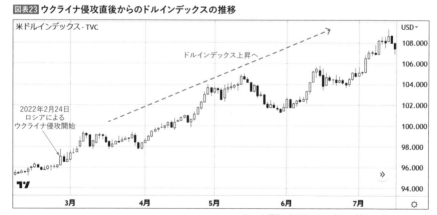

チャート提供：TradingView (https://jp.tradingview.com)

図表23は侵攻開始前後の**ドルインデックス**の推移です。ドルインデックスとは、米ドルの実力を指数化したもので、これが上昇すると相対的にドルが強いことを表します。侵攻後は強い上昇トレンドとなっています。

　このように、「まさか！」という究極の地政学リスクが現実のものとなり、**基軸通貨ドルの独り勝ち相場**がスタートしたわけです。

　この日のマーケットの値動きをまとめてみましたが、ポンドドルが最も大きく動き、次にユーロドル、そしてドル円と続きました（図表24）。

図表24 ウクライナ侵攻当日の値動き（2022年2月24日）

通貨ペア	最高値	最安値	値幅(pips)
米ドル/円	115.685	114.396	128.90
ユーロ/ドル	1.13078	1.11056	202.20
ポンド/ドル	1.35484	1.32718	276.60
ドル/スイスフラン	0.92882	0.91702	118.00
ユーロ/スイスフラン	1.03778	1.02775	100.30

　ウクライナと地続きのヨーロッパで一番大きく動いたのが、**ガス先物価格**で、大きく上昇しました。ロシアから天然ガスを輸入する国々は、G7で特に依存度の高いドイツやイタリアを始めとして、フランス、オーストリア、チェコなど欧州に多く存在します（図表25）。

図表25 G7の一次エネルギー自給率とロシアへの依存度（2020年）

国名	一次エネルギー自給率	輸入量におけるロシアの割合		
		石油	天然ガス	石炭
日本	11%	4%	9%	11%
米国	106%	1%	0%	0%
カナダ	179%	0%	0%	0%
英国	75%	11%	5%	36%
フランス	55%	0%	27%	29%
ドイツ	35%	34%	43%	48%
イタリア	25%	11%	31%	56%

出所：「電力・ガスの原燃料を取り巻く動向について」（資源エネルギー庁）より抜粋

そして、ウクライナと地続きという、不利な状況をまともに受けたのがユーロでした。アメリカとの金利差も手伝い、そしてロシアからのガス供給ストップ懸念もあり、パリティー（1.0000）に向け大きく下落の一途を辿らざるを得ない結果となったのです（図表26）。

図表26 ウクライナ侵攻後のユーロドルの動き

ウクライナのもう1つの顔

ウクライナは「ヨーロッパの朝食生産地」と呼ばれるほどの、穀物の輸出国です。小麦、大麦、ライ麦の畑はウクライナの土地の40％を占めており、世界の小麦の10％がウクライナ産で、レバノンの小麦輸入の50％、リビアは43％、イエメンは22％、バングラディシュは21％と、ウクライナからの輸入に頼っているそうです。

ロシアによるウクライナ侵攻により、①今まで穀物を生産している畑では安全面の問題が発生するため、二度と生産用に使えない、②農業に従事する人達も兵士として戦っているので収穫する人数が減る、③農業用の肥料を生産するガス供給が途絶えており、肥料不足が厳しいなど、いろいろな問題が提起されており、食糧危機が危惧されています。

上述のウクライナからの穀物輸入国では、侵攻前から食糧難に陥っている国もあり、そこにウクライナ産が入ってこなくなると「飢餓」が発生する恐れも出てきました。もし飢餓が起これば暴動なども起きやすく、安全保障の面で新たな問題発生ということにもなりかねません。実際に2月24日の侵攻以降、**連日小麦価格がストップ高**となっていました。

　このように、現代のグローバル化の進んだ国際社会では、一国の危機が新たな危機を招来し、他国へと連鎖していくのです。

〔事例〕地政学リスクと避難通貨

　2020年のアメリカ大統領選挙に向け、トランプ大統領（当時）がイランへの制裁を強め手柄を立てようとした時期がありました。

　2020年1月2日、イラクのバクダット国際空港近くで、イランのソレイマニ司令官が米空爆により殺害され、米ホワイトハウスは、「この攻撃は先日の在イラク米大使館襲撃を受けイラク在住のアメリカ人を守るため……」と説明したのです。

　ところで、この出来事を見ていて感じたことがあります。それは、「避難通貨の交代」でした。私が銀行で働いていた頃からずっと、「避難通貨＝safe haven＝スイスフラン」イチオシでした。その後、日本円も避難通貨の仲間入りをしてきたことは皆さんもご存知でしょう。

　しかし2020年以降、safe havenとなると、スイス買いではなく円買いの動きの方が顕著に見られることが増えてきたように感じています。当事はスイスも日本もともにマイナス金利の国でしたが、スイスの政策金利は当時マイナス0.75％と、世界で最も深掘りされたマイナス金利水準でした。そのため、いくら避難通貨としての需要が出たとしても、長期に渡りスイスフランを保有するコストが高すぎたのでしょう。その点、同じマイナス金利でも日本はマイナス0.1％ですので、コストは低いというのが理由かもしれません。

　事実、この時の反応を見ると、円高スイス安となり、他のクロス円同

様、スイス円でのスイス安が進みました。

　2022年のウクライナ侵攻の時も、図表24のドルスイスで見ると、ドル高スイスフラン安となっているのがわかります。これは、スイスとウクライナとは距離的にかなり離れてはいるものの、**スイスもウクライナと地続きであり、ガス供給大幅削減の影響を受けやすいことがスイスフラン買いにならなかった大きな理由**だと考えられます。

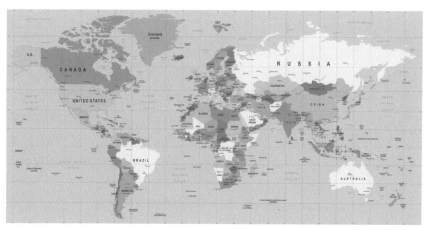

大西洋を中心にした世界地図

1-09

資源価格

　日本のようにエネルギー資源を輸入に頼る国では、原油を始めとする資源価格によって物価や経済が大きな影響を受けます。この基本的構図は、オイルショックの時代から変わりません。

　しかし、コロナ禍後の2020年4月20日、原油価格がマイナスになりました。長くマーケットに従事している私にとっても、初めての経験でした。

コロナ禍で原油価格がマイナスに!?

　どういうことかと言えば、原油の先物市場では、受け渡し期限ごとに5月限、6月限、7月限と続いています。5月限の期日は4月21日なので、20日は最後の取引日でした。5月限を買っていた人は、売るか、その原油をどこかに保管するかを、最後の取引日である20日に決めなければなりません。

　そこで大問題が起きました。コロナ危機により経済活動がストップしてしまい、原油が売れません。余ってしまった原油は貯蔵施設に保管されているため、これ以上保管する場所が世界中どこにもなくなってしまったのです。そこで、5月限の原油を持ってはいるものの保管場所がない人は、最後の取引日に投げ売りするしかなくなったそうです。その日の原油価格は－35.80で、下落幅は54.07に達しました。恐ろしい世界です。

　原油関連の資源通貨としては、英国とともに北海油田を持つノルウェークローネ（NOK）やメキシコ湾岸に油田を持つメキシコペソ（MXN）が有名です。

　こちらは2020年4月20日のチャートですが、いずれも窓開けしてからドル高資源通貨安に動き出しているのが確認できます（図表27・28）。

図表27 USD/NOKの動き（1時間足）

ドル／NOK　1時間足

4/20　窓開け

図表28 USD/MXNの動き（1時間足）

ドル／メキシコ　1時間足

4/20　窓開け

ウクライナ侵攻でコモディティ価格が高騰

　2022年に起きたロシアによるウクライナ侵攻は「地政学リスク」ではあるものの、私たちが最も影響を受けている部分は、コモディティ価格の高騰です。

　コモディティ価格高騰による驚異的なインフレ率上昇の部分が、侵攻から約2週間経った頃から形として現れ始めました。侵攻が始まる前、私はウクライナは農産物の生産地であるため、小麦などの穀物価格の上昇リ

スクばかりを心配し、ロシアが世界最大のシェアを誇るパラジウムなどの金属価格の高騰を見過ごしていました。

ヘッジ・ポジションにマージンコール

侵攻から約1週間経った3月に入ると、ニッケルが急騰し、自分の見方に大きな見落としがあることに気づいたのです。それはマージンコールや担保の損失補填の部分です。

コモディティ・トレーダーは普通コモディティのポジションを持ったら、先物で逆サイドのポジションを作ってヘッジするそうです。つまり現物で買いポジションを持てば、先物では売りポジションを持ってリスクヘッジするという意味です。

3月に入ってから、このヘッジ・ポジションが大きな損失を生み、マージンコールがかかりました。マージンコールがかかったトレーダーは、損失補填をするため、ドル需要が増えます。

このチャートは、当時のドルインデックスですが、3月に入るとほぼ同時にドルが一気に上昇しました。

図表29 ドルインデックスの動き（日足）

コモディティ価格上昇＝資源通貨買いは正しいか？

　だいぶ遠回りをしましたが、ここから私たちが考えなければならないことは、コモディティ価格が上昇するから資源通貨を買っていれば良いのか、です。通常はコモディティ価格の高騰、特にメタルや鉄鉱石系では豪ドル（AUD）が買われ、原油などではカナダドル（CAD）やノルウェークローネ（NOK）が買われる場合が多いです。しかし、今回の例ではヘッジ用のドル需要が一気に増えた珍しい例です。

　もし今後同様の動きが出た時に、世界の基軸通貨として、マージンコールなどでますます米ドルが必要となるので、ドルを並行して買うべきなのか？あるいは、マージンコールを受けた人達は、こういう事態を想定し、事前に補填用の担保を準備しているのか？もし後者であれば、ドル需要はさほど大きくありません。そこを見極めなければいけないでしょう。

　ここからは雑談になりますが、この当時もし自分がコモディティ・トレーダーであれば、コモディティの買いポジションを取れば儲かる状況が続きましたので、ドルで借金をしてでもポジションを取るかもしれません。そうなると、ヘッジ以外の面からもドル需要が出ることになります。

　今回のウクライナ危機後のマーケット展開は、私自身が過去に経験したものとは違う点が多々ありました。今後私たちが市場で生き残るためには（ウクライナの方々には本当に申し訳ありませんが）、教訓としなければならないと思っています。

第 2 章

ファンダメンタルズの主役は中央銀行

Central Bank

2-01 中央銀行がやっていること

　私は日本でもロンドンでも銀行でしか働いた経験がないので、銀行や中央銀行という言葉をわりと身近に感じて生活してきました。

　しかし、中央銀行についての掘り下げた知識は無きに等しく、同じ為替ディーラーとしてお世話になった友人のお父様である作家の城山三郎さんが書かれた『小説 日本銀行』を購入しましたが、最後まで読破できなかった苦い経験があります。

　就職前の私の普段の生活の中では、中央銀行について考える機会はほとんどなく、せいぜいニュースや新聞の報道でその名称を見かけるくらいで、その手の記事は読み飛ばしていたのです。

　しかし、外国為替のディーラー・アシスタントとなった瞬間から、中央銀行の為替介入や金融政策の変更など、ありとあらゆるタイミングで中央銀行の存在が私の日常生活の中で大きくなっていきました。人生の先行きなんて、本当にわからないものです。

中央銀行とは？

　中央銀行（Central Bank）とは、「国の金融機構の中核となる公的な銀行」として、その国の金融政策を担う存在です。

　各国の中央銀行を挙げてみると、日本では日本銀行、欧州（ユーロ圏）では欧州中央銀行（ECB）、英国ではイングランド銀行（BOE）、カナダではカナダ銀行（BOC）、豪州では豪州準備銀行（RBA）となります。米国では、連邦準備制度理事会（FRB）を中心とする連邦準備制度（FED）が中央銀行の役割を担っています。

＞中央銀行の役割と責務

　中央銀行の主な役割と責務は次の3点です。

　①発券銀行として「銀行券（紙幣）」を発行し、これを管理すること

②「銀行の銀行」として、銀行間の取引（決済）の仲立ちをすること

③物価の安定を図り、維持すること

アメリカの場合は、上記3点に「**完全雇用の達成**」が加わります。

インフレ・ターゲット（インフレ目標）とは？

　それでは中央銀行はどのようにして、③物価の安定という責務を達成するのでしょうか？答えは、「**インフレ・ターゲット**」（インフレ目標）を設定し、それを遵守することにより行います。景気が過熱してインフレ率（消費者物価上昇率）が高くなりすぎたり、反対に景気悪化で物価が持続的に下落する**デフレ**が深刻にならないよう、中央銀行は政策金利や他の政策ツールを調整しながら、金融政策の決定を行います。

　一般にインフレ率がターゲットよりも低ければ、政策金利の引き下げや追加緩和が実施されます。逆にターゲットより高い水準のインフレ率が続けば、景気の熱を冷ましてインフレ率を下げるために政策金利を引き上げる方向で動きます（図表1）。

　「インフレ・ターゲット」を最も早く明確な形で取り入れた中央銀行はニュージーランド準備銀行（RBNZ）で、1990年のことです。その後、あらゆる国々が追随しました。国によっては、インフレ・ターゲットの上下に一定の幅でノリシロを作ってバンド制にしている国もあります。

　そして、適正なインフレ・ターゲットの水準は国によって異なります。

図表1 景気と金融政策

景気	消費・物価	金融政策	金融機関	効果
悪化	消費が減退し物価下落	政策金利の引下げ（金融緩和）	貸出金利が下がり借り入れしやすくなる	民間の経済活動が活発化し物価上昇
過熱	消費が増加し物価上昇	政策金利の引上げ（金融引き締め）	貸出金利が上がり借り入れしにくくなる	民間の経済活動が抑制され物価下落

　例えば、日本銀行は、黒田東彦前総裁就任前の2013年1月から、「2年程度で消費者物価の前年比上昇率2％」を物価安定の目標に掲げ、4月からい

わゆる「異次元緩和」を開始したことは記憶に新しいところです。

金融政策を決定する「金融政策理事会」

　中央銀行は定期的に金融政策決定目的の会合を開きますが、これを一般に「金融政策理事会」（以下、理事会）と呼びます。詳しくは後述しますが、日本では**金融政策決定会合**、アメリカでは**連邦公開市場委員会（FOMC）**がこれに該当します。

　その中でも、毎日の為替市場に大きな影響を与えるのは、マーケットの取引高が大きい米国（米ドル）、ユーロ圏（ユーロ）、日本（円）そして英国（ポンド）という主要国であることに疑いの余地はありません。

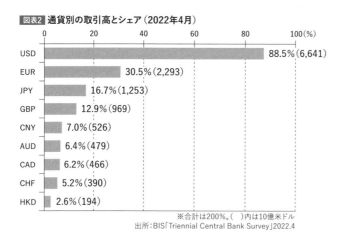

図表2 通貨別の取引高とシェア（2022年4月）

- USD　88.5%（6,641）
- EUR　30.5%（2,293）
- JPY　16.7%（1,253）
- GBP　12.9%（969）
- CNY　7.0%（526）
- AUD　6.4%（479）
- CAD　6.2%（466）
- CHF　5.2%（390）
- HKD　2.6%（194）

※合計は200%。（　）内は10億米ドル
出所：BIS「Triennial Central Bank Survey」2022.4

　ただ、21世紀に入ると、中国（人民元）や南アフリカ（南アランド）、トルコ（トルコリラ）といった新興国の金融政策も、マーケットのかく乱要因となってきました。

インフレ・ターゲットの決定権と達成手段

　インフレ・ターゲットの決定権を持っている機関は、国によって異なります。私が住むイギリスでは財務大臣、スイスや日本では中央銀行、カナダやオーストラリアでは政府と中央銀行が共同で決定しています。つま

り中央銀行は独立機関ですが、ターゲットの数値設定は政治的な決定が加わるという認識になります。

　もう一方の「達成手段の独立性」については、中央銀行は政府からの干渉を受けずに最善の金融政策を実施できるという「手段の独立性」を確保しています。しかし、アメリカではトランプ氏が大統領在任中にFRBの政策運営に対し、政治的な介入を続けたこともありました。

中央銀行総裁、副総裁、理事

　金融政策理事会には、総裁、副総裁、主席エコノミスト、理事などが顔をそろえています。これら金融政策のエキスパート達が集まり、金融政策を取り巻く環境について意見交換を行い、必要であれば政策変更の実施となるのです。

　理事会に出席するメンバーの金融政策に関する考え方やクセを知ることは、非常に重要です。「**タカ派、ハト派**」という呼び方がよく知られていますが、タカ派は景気よりも物価の安定を重視し引き締め政策寄りの人を指し、ハト派は景気浮揚を重視し緩和政策寄りの人を指します。

　同じ内容の発言をしたとしても、タカ派理事が発言した時とハト派理事が発言した時とでは、マーケットの反応は変わります。

　あるいは、いつもタカ派の発言ばかりしている理事が、突如としてハト派に宗旨替えしてきた場合には、やはり十分注意するに越したことはありません。私達が気づかないうちに、水面下で何かが始まっている可能性があるからです。

　為替マーケットで生き残ろうと考えるのであれば、自分の取引通貨の中央銀行メンバーの顔やタカ派／ハト派の区別、発言のクセのようなものを押さえておくことは重要です。こういう発言がX（旧Twitter）などで「**ヘッドライン**」として紹介され、それをきっかけにマーケットが動くことが往々にしてあります。

　時としては、たった1行のヘッドラインが、その後のマーケットのトレンドを形成することもあるので、軽視してはいけません。

中央銀行が失ってはならないクレジビリティー

　中央銀行には「発券権」があることくらいしか知らなかった私が、為替の世界に入って最初に学んだことは、中央銀行は自国通貨や金融市場の安定を守る「**通貨の番人**」と呼ばれている事実でした。そして、民間銀行にとって中央銀行は「**最後の貸し手**」という役割を通じた「**銀行の銀行**」でもあり、政府のお金を管理する「**金庫番**」でもありました。

　少し話が飛びますが、私が日本でディーラー・アシスタントをしていた当時、中央銀行の「クレジビリティー」（Credibility）についてあまり細かいことは学びませんでした。ところが、いざ金融の本場ロンドンで働いてからというもの、やたらとクレジビリティーという単語がディーラーの間で飛び交うのです。

　クレジビリティーとは「信用性」とか「信頼性」という意味であり、**一国を代表する中央銀行たるものは、市場からの信頼を得ていないと市場に軽くあしらわれる**ということです。これは中央銀行だけでなく、政治家に対しても共通の観念であり、とにかくこの単語があちこちで聞かれました。

　これは私の個人的な考えですが、日本では偉いものや偉い人にあまり楯突かない傾向があります。しかし、私が住んでいる英国では、相手が偉かろうが有名人であろうが、おかしいと思ったことには真っ向から疑問を投げかける習慣があります。

　渡英当時の同僚為替ディーラー達は、義務教育を終えただけの労働者階級出身者がほとんどでした。

　階級社会のイギリスならではのことかもしれませんが、中央銀行で働く人達は大学を卒業したエリートで、育った環境も何もかもが違います。しかし、市場のディーラーや投資家達は、相手がエリートだろうが何だろうがかまいません。中央銀行の政策に矛盾を嗅ぎつけた瞬間から、マーケットを動かします。

　「中央銀行のやっていることは、おかしいのではないか？対応が遅すぎ

るだろう？」そういう無言の圧力をマーケットにかけてきます。階級がどれだけ違っても、先を読む力、裏を読む嗅覚は、マーケット参加者の方が一枚も二枚も上手なのです。

　ただし、中央銀行もそれを黙って見ているわけではなく、講演や記者会見を利用して自分達がやろうとしていることを市場に語りかける努力を怠りません。このようなコミュニケーションを通じて、中央銀行と市場参加者との間で「誤解」を解いていくのですが、市場が中央銀行を信頼しなくなれば、総裁がどれだけ偉そうな御託を並べても誰も聞く耳を持ちません。

**　そのくらい中央銀行にとっては、クレジビリティーが大切なのです。**

　クレジビリティーを失った中央銀行として、最近の例ではエルドアン大統領に振り回されるトルコ中銀の名前が浮かんできます。ここ数年の間、トルコリラは主要通貨に対しほとんど一方的に安くなっていることも、それを物語っていると言えるでしょう（図表3）。

図表3 **下がり続けるトルコ円**（月足／2016年6月〜2023年3月）

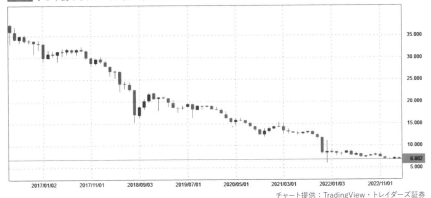

チャート提供：TradingView・トレイダーズ証券

2-02 金融政策とマーケットの コンセンサス

　個人投資家がFXをする際に最も注意すべきチェック項目は、金融政策です。自分が取引する通貨の国の中央銀行が、今後どのような政策変更をするのか？それはどのタイミングか？そういうことについて、少なくとも半年から1年ほど前から「先読み」する努力が求められます。

　このような先読みは、チャートには出てきません。自分がチャートの右側の白紙の部分を描く努力をするのです。

マーケットのコンセンサスをチェックする

　金融政策理事会前のマーケットでは、発表内容についての**コンセンサス（市場の総意・合意）**が徐々にできあがっていきます。

　実際の発表内容との乖離が大きければ大きいほど、ボラティリティが上がります。発表当日までに、①事前予想のコンセンサス、②コンセンサスに向けたポジションの構築具合、③予想外の結果となった場合の対処法、などを自分なりにまとめておくことが大切です。

　例えば、事前のコンセンサスが「利上げ」の場合は、その通貨の買いポジションが既にできあがっているはずです。そして、予想通りの結果が発表されると利上げ幅にもよりますが、一般的には「セル・ザ・ファクト」で利食いの売りが出やすくなります（図表4）。

　もし事前予想を調べないで、中央銀行が金利を上げたからとあわてて通貨を買ってしまうと、マーケットの流れに逆行することにもなりかねません。

図表4 結果が市場予想通りの場合の一般的な動き

市場のコンセンサス	発表結果	為替の動き
利上げ	利上げ	買いポジションの利食い売りが入り通貨安となることがある
利下げ	利下げ	売りポジションの買い戻しが入り通貨高となることがある

＞セオリー通りとならなかった例

　金利に関連する良い例を1つ挙げると、2022年4月1日に発表されたユーロ圏消費者物価指数（HICP）速報値があります。

　ウクライナ侵攻後のエネルギー価格や食料品価格の高騰、サプライチェーンの逼迫などの影響を受け、3月HICPは予想を上回る前年同月比で＋7.5％という過去最高水準を記録しました。これだけインフレ率が上がれば当然ユーロも買われると思った個人投資家の方は多かったようです。しかし、実際の動きは逆で、ユーロ安に振れました。

　どうしてそういうことになるのか、困惑された方も多かったのではないでしょうか。いくつかの理由がありますが、1つ目の決定的な理由はこの7.5％という数字がインフレのピークになるとは、誰も思っていなかったこと。

　2つ目は、既にユーロ加盟19ヵ国のうち、4ヵ国が2桁のインフレ率となっており、ユーロ圏全体のインフレ率が2桁になるのは時間の問題かもしれないこと。

　最後に、**これだけインフレ率が大きく跳ね上がっても、欧州中銀は依然としてマイナス金利政策を継続していた**こと、でした。

　これは前節で説明したように、インフレの進行にも関わらず機動的に対処しようとしないECBの「クレジビリティーが地に堕ちた」ことを、マーケットが示しているのです。

コンセンサスと違う結果の場合

　事前にコンセンサスを調べないことと同じくらい危険なのが、予想外の結果となった場合です。

　例を挙げると、マーケットのコンセンサスは利下げなのに、いざフタを開けたら「金利据え置き」が発表された場合、既にマーケットでは売りポジションが多くできていますので、大きなショート・カバー（売りポジションの買い戻し）が入り、通貨高となることがあります（図表5）。

図表5 結果が予想外の場合の一般的な動き

市場のコンセンサス	発表結果	為替の動き
利下げ	金利据え置き	売りポジションの買い戻しが入り通貨高となることがある
利上げ	金利据え置き	買いポジションの手仕舞い売りが入り通貨安となることがある

　反対に、コンセンサスが利上げなのに、「金利据え置き」が発表された場合は、既にできていた買いポジションの手仕舞い売りが入りますので、通貨安となることがあります。

声明文や記者会見も要注意

　ほとんどの中央銀行は、政策発表と同時に**声明文**を発表します。時には総裁が**記者会見**を行う場合もあります。

　毎回ではありませんが、政策金利は据え置き決定であったのに、声明文の内容や総裁の発言で、**将来の政策金利変更の方向性や具体的なタイミングを示唆した場合には、その事実を織り込んで、新たな為替の動きが出ることが往々にしてあります（図表6）。**

図表6 声明文や記者会見でサプライズ（将来への示唆など）があった場合の一般的な動き

発表結果	声明文・総裁記者会見	為替の動き
市場のコンセンサス通り	サプライズあり	内容に沿った新たな動きにつながる
市場のコンセンサス通り	サプライズなし	既にできていたポジションを手仕舞い

　他の例では、「今回の金利カットで、利下げサイクル終了」を示唆する声明文が出たと仮定しましょう。

　中銀の決定は「利下げ」ですが、「今回が最後」というおまけがつきました。これ以上の利下げがないと知った市場参加者たちは、手持ちのショートの手仕舞いを優先しますので、せっかくの利下げでも、結果として通貨高で終わるということも珍しくはありません。

　このように金融政策の発表時には、**事前のコンセンサスをしっかり調べ、マーケットのポジションの傾きを頭に入れておかないと、アナウンスだけに踊らされて痛い目に遭う**ことがあります。必ず予習をするクセをつけるようにしましょう。

2-03

 金利の種類

　一口に金利と言っても、いくつかの種類があります。ＦＸ取引をする上できちんと理解しておきたい金利は、①政策金利（短期金利）、②長期金利、③実質金利の3つです。

①政策金利

　政策金利は、中央銀行が金融政策において使用する短期金利のことで、金融市場や物価安定の維持に向けた調整手段として設定されます。景気が過熱し物価が上昇している時には、政策金利は利上げされますが、景気が悪くなり物価が下落している場合には利下げが実施されます。

②長期金利

　長期金利は、一般に返済期間が1年以上の金利のことです。政策金利は中央銀行が「誘導目標」としてコントロールできますが、長期金利は違います。長期金利を決定するのは、言わば市場であり、その国の国債を買ってくれる投資家達や外貨準備金の一部として購入する他の国の中央銀行になります。

　つまり、長期金利とはそれぞれの国債の人気投票のようなもので、経済・財政運営がしっかりしており、満期にきちんと元本を返済できる能力や信用力が高い国の国債には、たくさんの買いが入ります。しかし、返済能力に疑問が生じた国の国債には、誰も見向きもしません。

　この「返済能力」「信用力」や「将来の金融政策の方向性」に応じて、国債の利回りが決まります。つまり、返済能力があると判断された国は、あまり高い金利を払わずにお金を借りられます。逆に、数年後にはどうなっているかわからない、最悪の場合は破綻するかもしれないリスクを抱えた国は、投資家にとって魅力的な高い金利を提示しなければ、買ってくれる

人がいなくなります。そして、将来的に政策金利の引き上げが行われる国の長期金利は上昇する傾向にあり、その逆もまた同様です。

このように、**国債の利回りは、中央銀行でさえコントロールできず、あくまでも市場の需要と供給のバランスで決定されます。**そして、政策金利と同じように長期金利も、為替に影響を与えているのです。

長期金利は政策金利とは違い、将来の経済成長期待や**格付け**などを総合的に判断して決定され、一日のうち何度も金利水準は変わります。期間としては、数ヵ月の短いものから最長100年というものもあります。その中で、長期金利のベンチマークとなるのは「**10年物国債の利回り**」です。

›債券価格と金利の関係

債券価格と金利との関係は、慣れるまで混乱するかもしれません。と言うのも債券価格が上昇すると、利回りは低下するからです（図表7）。

そのため、長期金利が上昇したというニュースは国債価格が下落したことを意味し、必ずしも良いニュースとは限らないことに注意してください。

図表7 債券価格（国債）と利回りの関係

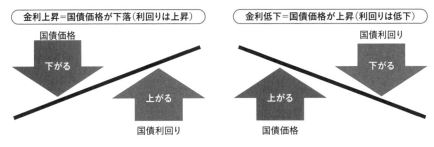

③実質金利

実質金利とは何でしょうか。私達が「金利」と呼んでいる名目金利から将来の物価変動率を引いたものが、実質金利となります。

実質金利　＝　名目金利　−　期待インフレ率

つまり、名目金利の水準が全く変わらなくても、物価期待値が変われ

ば、実質金利は変化するということです。

　かなり古い例ですが、2016年10月の「日銀レビュー」で実質金利を取り上げていました（図表8）。そこでは以下のように定義しています。

①実質短期金利＝翌日物無担保コールレート－消費者物価指数*

②実質長期金利＝10年物国債利回り－6～10年先の物価上昇率見通し

*ここでの消費者物価指数は、総合から生鮮食品、エネルギーなどを除いた数字。

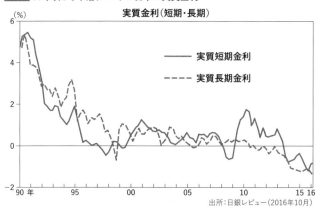

図表8 90年頃から下落トレンドの日本の実質金利

実質金利（短期・長期）

出所：日銀レビュー（2016年10月）

　上の図で見ると、1990年あたりから実質長期金利は下落トレンドを描き、2010年頃からマイナスで推移してきたことがわかります。

　この実質金利も為替や株価に影響を及ぼします。例えば、名目金利が3％の場合で考えると、期待インフレ率が1％だと実質金利は差し引き2％になり、期待インフレ率が5％だと、実質金利は－2％になります。

　一般に実質金利がプラスであれば、将来の物価上昇よりもお金の購買力が相対的に上回るので預金を選ぶ人が多くなり、反対に実質金利がマイナスであれば、将来のお金の購買力が相対的に低下するので、消費を選ぶ人が多くなるとされています。

　また、投資に関しても、実質金利がマイナスであれば預金ではお金は増えないので、高金利通貨や株などのリスク資産を選ぶ人が多くなります。

実質金利で為替の動向を読む例

　私は2021年の年初に、ドル安を予想していました。「アメリカの期待イ
ンフレ率上昇による長期金利上昇で、実質金利が大幅にマイナス圏に入る
から」というのが最大の理由でした。

　下表は、2020年末時点での主要国の長期金利と期待インフレ率から弾き
出した実質長期金利です。ご覧のようにアメリカが最も低いことがわかり
ます。

図表9 **主要国の名目金利と実質金利（2020年末）**

国　　名	10年物国債利回り	期待インフレ率	実質長期金利
アメリカ	+0.94%	+2.84%	-1.9%
ユーロ	-0.589%	+1.1%	-1.689%
イギリス	+0.279%	+2.1%	-1.821%
日本	+0.017%	+0.7%	-0.683%
豪州	+1.023%	+1%	+0.23%
メキシコ	+5.51%	+3.30%	+2.21%

　しかし、私の予想は悉く外れてしまい、ドル高が一時的に加速してし
まいました。バイデン新政権の大型財政支出期待や、FEDのテーパリング
観測が出たことが背景にあったのです。

　年初から為替が相場観と逆に動くという残念な結果に終ってしまいま
したが、**実質金利が最もマイナスであるということは、裏を返せば期待イ
ンフレ率が一番高い**ということです。

　ここからヒントを得て、自分の年金運用やISA（NISAの手本となった英
国の非課税制度）のアロケーションにコモディティを大きく増やすなどの
リバランスができたので、良しとしました。

2-04 欧州中央銀行（ECB）の金融政策とその特徴

　ここからは、主要国の中央銀行の金融政策の特徴について、詳しく掘り下げていきます。まず最初はユーロ圏の金融政策を担うECBです。

ECB設立とユーロ参加国

　1998年6月、マーストリヒト条約に基づき設立され、1999年1月1日のユーロ（EUR）誕生から正式に発足しました。本部はドイツのフランクフルトにあります。

　1999年発足当時のユーロ参加国は11ヵ国でしたが、2002年1月にギリシャ、2007年1月にスロベニア、2008年1月にキプロスとマルタ、2009年1月にスロバキア、2011年1月にエストニア、2014年1月にラトビア、2015年1月にリトアニア、最近では2023年1月にクロアチアが加わり、現在20ヵ国となっています（図表10）。

図表10 ユーロ圏を構成する20ヵ国

　　　　　　…ユーロ参加国（20ヵ国）
フランス、ドイツ、イタリア、オランダ、ベルギー、ルクセンブルク、アイルランド、スペイン、ポルトガル、オーストリア、フィンランド、ギリシャ、スロベニア、マルタ、キプロス、スロバキア、エストニア、ラトビア、リトアニア、クロアチア

出所：外務省資料を修正し抜粋

金融政策理事会と発表のタイミング

ECBの金融政策理事会は最高決定機関で、6週間毎に年8回開催されます。ECBは政策発表と記者会見のタイミングを2022年7月の理事会から変更。新しい政策発表のタイミングは図表11の通りで、記者会見では冒頭で政策決定内容を読み、その後質疑応答に移ります。全体の長さは約1時間くらいです。

声明文と記者会見の時間が違うため、ユーロは下図のように、**14：15（日本時間/夏時間21：15～）、14：45（日本時間/夏時間21：45～）、15：00頃（日本時間/夏時間22：00頃～）の3段階で動く傾向があります。**

また、私達個人投資家にとって相場の先読みをする上では欠かせない**マクロ経済予想**は「スタッフ予想」と呼ばれ、3・6・9・12月（3ヵ月に一度）に発表されます。

図表11 ECB金融政策理事会の発表項目とタイミング

項　目	タイミング
ECB金融政策理事会	6週間毎（木曜日）に年8回開催
政策金利・声明文	現地時間14：15発表 （日本時間：夏時間21：15/冬時間22：15）
総裁記者会見	現地時間14：45発表 （日本時間：夏時間21：45/冬時間22：45）
質疑応答	現地時間15：00頃～ （日本時間：夏時間22：00頃/冬時間23：00頃）
経済報告書	理事会の2週間後
議事要旨	理事会の4週間後
スタッフ予想（マクロ経済予想）	3・6・9・12月に発表

> **議事要旨の発表**

ユーロ誕生以降、議事要旨の発表はありませんでしたが、2015年1月から政策会合の4週間後に発表されることになりました。しかし、政策決定に向けた投票配分は未だ発表がありません。

> **総裁の義務**

ECB総裁は四半期に1回、**欧州議会の経済金融問題委員会で金融政策に**

関する証言を行うことになっています。

　ECBは設立当時から2015年1月まで議事要旨の公表を拒否しており、その代わりに総裁が四半期に1回、議会証言することを約束していました。そして、議事要旨の公表が開始されてからも、従来通りこの議会証言は行われています。

理事会の投票権は輪番制

　2015年1月のリトアニアの加盟で加盟国が19ヵ国となったことに伴い、金融政策理事会における投票権が輪番制に変更されました（図表12）。

　この制度の特徴は、**経済規模が大きい国の意見がより大きく反映される**点です。23年の月毎の投票権を有する国の一覧はこちらが参考になります（https://www.ecb.europa.eu/ecb/orga/decisions/govc/html/votingrights. en.html）。

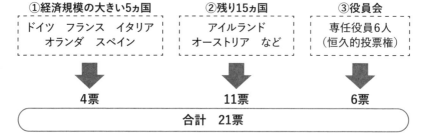

図表12 ECB理事会の投票権輪番制（2023年〜）

①経済規模の大きい5ヵ国	②残り15ヵ国	③役員会
ドイツ　フランス　イタリア　オランダ　スペイン	アイルランド　オーストリア　など	専任役員6人（恒久的投票権）
↓	↓	↓
4票	11票	6票

合計　21票

> **政策内容の決定方法**

　多数決制はとらず、「**コンセンサス**」という表現を使っています。

> **タカ派／ハト派の代表格**

　タカ派としては、ドイツ、オランダ、オーストリア、ラトビアなど中欧・北欧・東欧の中銀総裁が、ハト派としては、イタリア、スペイン、ポルトガルなど南欧の中銀総裁が挙げられます。

> **為替介入における政府の関与**

　その他にも、ユーロ圏における為替レベルについて、おもしろい取り

決めがあります。ECBの基本的任務として、マーストリヒト条約第111条では「外国為替操作を行うこと」と定められていますが、同時に111条には「EU財務相理事会が、為替政策につき一般的な指針を策定することができる」とも規定されています。つまり**政府の関与が認められている**のです。

要人発言に注意すべきECBの要人

理事会の役員会6人、各国の中央銀行総裁20人で合計26人すべてが「要人」という位置づけです。役員会の6人は、ラガルド総裁を筆頭に次のメンバーになります。

図表13 金融政策理事会の役員会の構成（2023年7月時点）

氏名・役職	出身国	就任時期/任期満了時期
ラガルド総裁	フランス	2019年11月/2027年10月
デギンドス副総裁	スペイン	2018年6月/2026年5月
レーン主席エコノミスト	アイルランド	2019年6月/2027年5月
シュナーベル専務理事	ドイツ	2020年1月/2027年12月
パネッタ専務理事	イタリア	2020年1月/2027年12月
エルダーソン専務理事	オランダ	2020年12月/2028年12月

2019年11月からラガルド体制に

2019年11月、前任のマリオ・ドラギ総裁任期終了後、フランス人で国際通貨基金（IMF）の元専務理事、クリスティーヌ・ラガルド氏が総裁に就任しました。ラガルド氏、副総裁のデギンドス氏ともに、元政治家で経済や金融政策に関する造詣が深くはないため、マーケットは今でもECBの決定に物足りなさを感じています。

就任早々の2020年3月、記者会見で失言したことがトラウマになっているラガルド総裁は、自身のスピーチを事前に録画したものを流すことが多くなっています。それだけ金融政策について、ライブで自論を展開する自信がないのでしょう。

そして理事会後の記者会見を見ていると、書かれた原稿を読み上げるだけで、自分の言葉を使って総裁としての現状分析やここからの政策運営

の方向性や深堀度などを示唆してくれないため、聞いていてもすぐに飽きてしまいます。例えば2020年12月の理事会では、「PEPPを9ヵ月延長。その理由は、理事の間で6ヵ月と12ヵ月それぞれ意見が分かれたので、間をとって9ヵ月に決定」と、総裁らしからぬ発言をし、市場関係者は諦めムードとなりました。学校でクラスの飼育係を決める時のような口調での説明で、彼女が総裁であること事態がお笑い種になりつつあります。

　私がX（旧Twitter）でフォロー中の英国や欧州のトレーダー達も、途中であくびをしながら見ている人や、見るのを止める人まで出ており、ドラギ前総裁の時とは見る側の態度も大きく変化しているのが特徴でしょう。
　ある報道では、ラガルド総裁の記者会見が終ると、レーン主席エコノミストがあらゆる主要銀行に電話をかけまくり、記者会見で不明な点をかたっぱしから聞いて回るそうです。私としては、記者会見に出席するのはラガルド総裁とデギンドス副総裁ではなく、総裁の隣にはレーン主席エコノミストが座り、経済知識が必要な質問には、彼が答える体制を取るべきだと常々感じています。

＞なぜラガルト氏だったのか？

　ドラギ前総裁からラガルド総裁に移行して以来、多くの変化がありました。
　そもそもラガルド氏が総裁に選出されたいきさつについては、2019年9月のECB理事会で退任間際のドラギ総裁が反対意見を押し切り、独断でQE策再開を決定したとも言われており、このスタンドプレーで理事会全体のまとまりがなくなってしまったため、このチームを立て直すことを任せられたのがラガルド氏だそうです。もしかしたら中央銀行総裁としての適格性よりも、チームをまとめる力を買われたのかもしれません。
　どうして中銀総裁経験がない人を総裁に任命したのかについては、今でも不明ですが、2009年に発覚したギリシャ債務危機時代に、同氏はフランスの経済・財務相であり、対応が非常に冷静であったこと。その直後、IMF専務理事となり、そこでこの債務危機解決に貢献したことなどが挙げられています。

このように、ラガルド体制では総裁本人とデギンドス副総裁ともに、**「元政治家」「中銀勤務経験なし」というド素人がトップ**という事情もあり、レーン主席エコノミストの存在が非常に重要になってきます。

図表14 ECB三役の移り変わり（2023年7月時点）

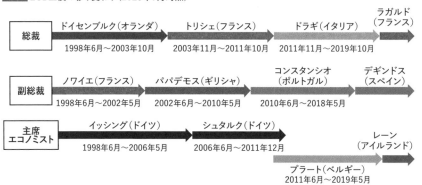

そのレーン氏にしても、異色な選出でした。と言うのは、歴代ECB主席エコノミストはドイツ人で固められており（前任のプラート氏はベルギーとドイツのダブル）、**レーン氏は初の非ドイツ系主席エコノミスト**だったからです。

ラガルド体制のもう1つの特徴は、役員会のメンバーの半分（3人）が2020年、総裁を含む2人が2019年にそれぞれ入れ替わっており、2009年から約10年続いた**ギリシャ債務危機を経験している理事が1人もいなくなった**ことでした。

インフレ・ターゲットと政策金利

51ページでインフレ・ターゲットについて説明しましたが、ECBもこれを導入しており、インフレ指標には、複数の国をまとめた**ユーロ圏消費者物価指数（HICP）**を使用しています。

1999年設立当時は、「2％以下」とされていましたが、2013年5月からデフレ懸念の台頭により、「中期的なインフレの上昇率が、2％（前年比）以下だが2％近く」と定義されました。

そして、2021年7月8日、ECBは新しいシステムとして「対称的2％インフレ目標、Symmetric 2% inflation target」を導入しましたが、この解釈にはECBですら決定的な見解を示していないのが難点です。

例えば、インフレ率が目標とされる2％を超えた場合、許容範囲や期間に具体性が伴う基準がありません。おそらく2％を超えるインフレが発生した場合でも、直ちに利上げを実施するわけでなく、2％より下の時代があったのだから、上に超えても寛容に対応するということのようです。

> **ユーロ圏の政策金利**

主要政策金利には、①預金ファシリティ金利、②**主要リファイナンス・オペ金利**（Main Refinancing Operations Fixed Rate）、③限界貸付ファシリティ金利、の3つがあります。中でも代表的なのが②になります。

2022年7月から利上げを開始

2020年2月のロシアによるウクライナ侵攻以来、原油や天然ガスなどのエネルギー価格の高騰などにより、米欧諸国でインフレ率の上昇が急速

図表15 HCIPとユーロ圏政策金利の推移

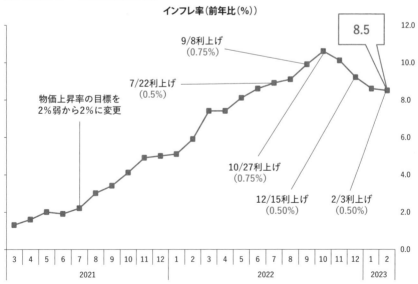

インフレ率（前年比（%））

8.5

9/8利上げ
(0.75%)

7/22利上げ
(0.5%)

物価上昇率の目標を
2％弱から2％に変更

10/27利上げ
(0.75%)

12/15利上げ
(0.50%)

2/3利上げ
(0.50%)

出所：「欧州中央銀行（ECB）政策理事会（3月16日）」外務省欧州連合経済室

に進行しました。ECBも英米に続き2022年7月、インフレを抑えるべく長らく続けてきたゼロ金利を解除し0.5%の利上げに踏み切って以来、断続的に利上げを続け、2023年7月時点で4.25%となっています（2023年7月時点で、②主要ファイナンス・オペ金利）。

　その結果、HICPは2022年10月の10.7%を頂点に、図表15のようにピークアウトする傾向を見せています。

フランクフルトのECB本部

2-05 イングランド銀行（BOE）の 金融政策とその特徴

　英中銀の総裁になる人は「あてにならないボーイフレンド」という渾名がつくほど、発言内容がコロコロ変わる人が多いようです。元はと言えば、カナダ人のカーニー前総裁についた渾名ですが、後任のベイリー総裁も前総裁以上に発言と行動に一貫性がありません。

　特に2021年11月の金融政策委員会前に「利上げは確実」と受け取れる発言をしたにも関わらず、いざフタを開けたら据え置き票を投じていた時には、マーケット参加者から総スカンを食いました。

　この時は、特に中央銀行総裁の発言を信じた債券トレーダー達が巨額の損失を被ったのです。新聞でも大きく報道され、それ以来ベイリー総裁の発言の機会がグッと減っています。

BOEは世界で2番目に古い中央銀行

　イングランド銀行（Bank of England。以下**BOE**）は、スウェーデンの「リクスバンク」に次いで、1694年7月27日に設立された300年以上の歴史を持つ中央銀行です。所在地が、ロンドン金融街シティのスレッドニードル通りであるため、「スレッドニードル通りのオールド・レディ（老婦人）」という通称があります。

　私がロンドンの銀行で働いていた当時も、「オールド・レディ」という名称をトレーダー達は使っており、最初は何のことかさっぱりわからず、隣に座っているトレーダー仲間に聞いたことを覚えています。

金融政策委員会と発表のタイミング

　BOEの金融政策委員会（MPC）は、6週間毎に年8回開催されます。MPC開催当日は現地時間昼12時ちょうどに、以下の2つが発表されます。

①政策金利を始めとする金融政策内容

②議事要旨（2015年8月より①と同時発表）

2・5・8・11月のMPCでは、**四半期金融政策報告書**（2019年11月より名称変更）と**総裁・副総裁による記者会見**が加わります。この年4回のMPCは「Super Thursday」と呼ばれており、金融政策変更の可能性が一気に高まる瞬間です。

2016年9月までは、MPCは毎月1回の開催でしたが、英中銀法の改正により、同年11月から年8回の開催に変更されました。これに伴い、それまでは数週間遅れで発表されていた**議事要旨**も政策金利発表と同時にリリースされるようになり、金融政策決定に至る過程について、**主要中央銀行の中で最も透明性に優れた中央銀行**となっています。

図表16 金融政策委員会（MPC）の発表項目とタイミング

項　　目	タイミング
BOE金融政策委員会（MPC）	**6週間毎（木曜日）に年8回開催**
政策金利・声明文・議事要旨	現地時間12：00発表 （日本時間：夏時間20：00／冬時間21：00）
マクロ経済予想（四半期金融政策報告書）	2・5・8・11月に発表　現地時間12：00 （日本時間：夏時間20：00／冬時間21：00）
総裁／副総裁記者会見	2・5・8・11月に実施　現地時間12：30 （日本時間：夏時間20：30／冬時間21：30）

MPCの構成

こちらでは、BOE金融政策委員会はMPCと呼ばれています。MPCはThe Monetary Policy Committee（金融政策委員会）の略です。

MPCメンバーは常に9人ですが、構成が時々変わります。現在は、中央銀行総裁（1人）、副総裁（3人）、中央銀行主席エコノミスト（1人）、財務相に任命される外部理事（4人）となっています。

他の主要国中銀とは違い、3人の副総裁体制という異例な構成ですが、それぞれ役割分担が明確になっており、3人とも金融政策委員会に出席し

ます（図表17）。

また、MPCのメンバー 9人全員が財務相によって任命されます。

図表17 金融政策委員会の（2023年7月時点）

氏名・役職	就任時期/その他
ベイリー総裁	2020年3月
ブロードベント副総裁	2014年7月/金融政策担当
カンリフ副総裁	2013年11月/金融行政担当
ラムズデン副総裁	2017年9月/金融市場及び銀行担当
ピル主席エコノミスト	2021年9月
グリーン理事	2023年7月/外部理事
マン理事	2021年9月/外部理事
ハスケル理事	2018年9月/外部理事
ディングラ理事	2022年8月/外部理事

MPCのメンバーと米欧中銀のメンバーを比較した場合大きく違うのは、**英国ではヘッジファンドや銀行のエコノミストなど民間の金融市場経験者や、英国籍ではない外国人を起用している**ことかもしれません。カーニー前総裁は投資銀行出身でありカナダ人でした。現在では、ブロードベント副総裁が民間投資銀行出身ですし、マン理事はアメリカ人であり民間銀行出身者でもあります。

他の主要国の中銀理事は、大学教授や法律家、エコノミスト出身者で占められているので、英国だけは異色のメンバー揃いとも言えます。

政策内容の決定方法

金融政策の決定は、9人の多数決により行いますが、その場合、総裁も他のメンバーも全員同じウェイトです。多数決の数字は、決定と同時に瞬時で発表されるのがありがたいといつも思っています。

＞タカ派／ハト派の割合に注意

どの中央銀行でも、構成メンバーによるタカ派／ハト派の割合は重要です。BOEに関しては、以前は比較的はっきりと区別できていましたが、英国のEU離脱（Brexit）問題が長引き、経済活動の低迷が色濃くなってき

た頃からバランスが一気に崩れてきました。そして2020年のコロナパンデミック発覚後はハト派色の強い理事が増え、2021年から緩和策からの出口戦略が主要テーマとなって以来、今度はタカ派が増えてきました。

このバランスの崩れは、ここからの金融政策の舵取りに大きな影響を与えるだけでなく、将来の金融政策についての見通しが、非常に立てづらくなったことを意味しています。

要人発言に注意すべきBOEの要人

9人の理事全員が要人ですが、発言内容がポンポン飛ぶのは、ベイリー総裁だと思います。前述のように、2021年11月以降、発言の回数が大きく減りましたが、最近はまた以前のように、やたらとブルームバーグやロイターのインタビューに応じています。この点は、あまり話したがらず発言を事前録画して済ますECBラガルド総裁と対照的で、たぶん基本的にベイリー総裁は出たがり屋なのだと思います。

それに比べ発言機会が少ないのがラムズデン副総裁、カンリフ副総裁、ハスケル理事で、私などはこの人たちにはもっと発言の機会を増やしていただき、頭の中を覗かせて欲しいと思っています。

私達ＦＸ関係者にとっては、**金融政策担当のブロードベント副総裁発言が一番重要**ですが、この人の発言はあまり面白くありません。たぶん飛び抜けて頭脳明晰な天才肌なのでしょうが、とにかく面白くない。同じ頭脳明晰でも落合陽一さんの話はとても面白いので、話術と頭の良さはあまり関係ないのかもしれません。

また、2023年7月5日からグリーン理事が新たに就任しました。

インフレ・ターゲットと政策金利

Brexitに伴い、英国の統計局（ONS）は2017年3月から主要インフレ指標として「CPI」をやめ、「CPIH」を使用しています。

CPIHとは、住宅コストを含むインフレ指標で、ONSはこちらがより英国のインフレ状況を表していると変更理由を述べていました。しかし、

BOEは引き続き「**インフレ・ターゲットには消費者物価指数（CPI）を使用する**」と述べており、市場関係者はCPIHよりCPIに注目しています。

BOEのインフレ・ターゲットは、「前年比でインフレ上昇率が2%」となっており、上下±1%のバンドが設定されています（図表18）。このバンドについて知らない人が意外と多いので、頭に叩き込んでおいてください。

ターゲットの設定者は財務相で、現在の水準は2003年に設定されました。設定者が財務相ということから、BOEはインフレ・ターゲットを守り物価安定の維持を心がけながらも、政府の経済政策を同時にサポートすることが、最も重要な役割であると言えるでしょう。

インフレ率がバンドから外れた時は、BOE総裁は財務相に書簡を送り、どうしてターゲット内に収まらなかったのか、の説明義務があります。

図表18 BOEの責務とインフレ・ターゲット

政策金利	BANK RATE
インフレ指標	CPI（前年比）
インフレ・ターゲット	CPI 2%（前年比） ※上下に±1%のバンド制

カーニー体制からベイリー体制へ

2013年7月、当時のオズボーン財務相は、カナダ人のマーク・カーニー氏（元カナダ中銀総裁）をBOE総裁に選びました。英国人以外で初の総裁就任でした。カーニー氏が選ばれた理由は、2008年に起こった世界金融危機の際に金融システムの安定を徹底して遂行し、カナダでは国有化されたり倒産した銀行がなかったことが評価されたからでした。

カーニー総裁時代の特徴は、財務省との関わりが薄かったことでしょう。外国人だから、というわけでもないと思いますが、あまりカーニーさんを良く思っていない財務省関係者もいたという話も聞こえてきました。

しかし、2020年3月にベイリー総裁が就任してからは、一気に関係が深まったという印象です。そしてベイリーさんは大学卒業と同時にBOEに就職し、現在までずっと働いてきたので、お掃除のおばさんよりも銀行の隅々まで知っていると有名です。就任直後にコロナ危機があり、否応なく財務省との連帯を深めなければならないという事情もありましたが、ベイリー体制のBOEと財務相との関係は、とにかく深いなぁと関心します。

MPCの票数でもポンドが動く

ポンド取引に従事する投資家なら経験しているでしょうが、MPCで政策金利が発表されると、結構ポンドが動くことがあります。それは政策金利と同時に発表される**MPCメンバー 9人の投票配分**が大きな理由でしょう。

決定に対する投票配分の市場予想（コンセンサス）は、事前にできあがっています。例えば、今回は「9対0で理事全員が据え置き支持」という具合です。しかし、実際の発表で「7対2で据え置きとなり、予想に反し2人の理事が利下げ／利上げに票を入れた」ことがわかると、途端にポンドのボラティリティが上がります。

この場合、利上げ／利下げに票を入れた2人の理事は、どうして据え置きに票を入れなかったのか。次回のMPCでは、この2人以外の理事が利上げ／利下げ票を入れるのか──トレーダー達は瞬時にそれを判断し、**マーケットは一足お先に金融政策の変更を先取りして動き出す**という具合です。

英国のお隣であるECBは、金融政策の決定は多数決ではなく、あくまでも「コンセンサス」とか「多数の理事」という感じで表現するだけで、ぼかして伝えられることが多いのですが、BOEは政策金利決定と同時に票数まできちんとマーケットに伝え、そして総裁も他の理事も同じ1票。

この透明性の高い発表方式こそが、中央銀行のクレジビリティー（信用）を高め、公平な決定をマーケットに伝える最高のツールであると私は考えています。

だから理事達の発言がコロコロ変わることで、中銀のクレジビリティーが損なわれるのがもったいなくて仕方がありません。

私が英中銀から学んだこと

　2017年秋、日本の某TV局に電話出演した際にアナウンサーの方に聞かれたのが、「イギリスって金利上げるほど景気がいいんですか？」という質問でした。

　Brexitの国民投票から1年ちょっと過ぎた頃に、BOEは利上げに踏み切りました。そして、その1年後にもう1回、追加利上げに動いたのです。それを受けての質問でした。

　私は、次のように答えました。

　Brexitが決定し、国内がざわついている真っ最中で、景気が良いわけではありません。しかし、国民投票後にポンドが20%近く暴落したおかげで、インフレ率が上昇してきました。こういう上げられる時に政策金利を上げておかないと、次に新たな危機が発覚した時に、金利引き下げのノリシロがなくて困るのが目に見えているのです。

　つまり、不確実性の高いマーケットでは、金利を上げられる時に上げ、財政も均衡できる時にしておかないと、次の危機で自滅するのが関の山なのでしょうね。それとは全く逆で、日本の総選挙の時に議員さん達のお話をテレビで見ると、バラ撒きの話ばかりで、全く将来への危機感を持っていないのには、驚きます。

　少し嫌味に聞こえたかもしれませんが、子供や孫の代に苦労することは目に見えているのに、少しも「財政均衡」を説く首相や財務相が日本から出てこないことが、不思議に思えたのです。

　それから6年が経過し、日本では2023年の統一地方選挙が終わりましたが、状況は少しも変わっていないようです。

2-06 米連邦準備制度（FED）の金融政策とその特徴

　本書を書くにあたりいろいろと調べていたら、驚くような事実を見つけました。

　それはFEDがインフレ・ターゲットを2%に設定したのは、2012年のバーナンキ議長時代だということです。私自身はそのはるか以前から為替市場に従事していましたが、そのことは知りませんでした。

2021年後半から先進国で起こったインフレ

　それまでの米国は、インフレ率が概ね1.7～2%くらいに収まっていれば大丈夫、というざっくりとした目標により運営されていました。

　どうしてターゲットをきちんと設定しなかったのか、ここは知りたい所です。調べてみると、中央銀行が経済も雇用も何もかもないがしろにして、インフレ率をターゲットで維持することだけに専念してしまうリスクを避けたいからだそうです。

　1997年の話ですが、BOEのキング元総裁は「Inflation Nutters」という有名な言葉を残しています。どういう意味かと言うと、Inflationは「インフレ」、Nuttersはスラングで「頭がおかしい人、狂った人」ということ。つまり、「インフレ率2%達成に固執するあまり、他のことが何も見えなくなり狂人的になるのは中央銀行関係者としていかがなものか。もっと柔軟性を持って対応すべきではないか？」ということを表現したものと思われます。

　ＦＸの本にNuttersという単語を書きたくなかったのですが、主要国の中銀総裁でもこういうスラングを使うのか、ということをお知らせしたかったのです。日本ではあり得ないですね。

　思い起こせば過去10年以上、「どうすればインフレになってくれるのか」と、中央銀行関係者やマーケットは模索してきました。ところがある

日突然、2021年後半からインフレが牙を向いてきたのです。

日本も米欧もインフレからあまりに長い期間遠ざかっていたので、目の前のインフレに持続性があるのか一過性で終わるのか、すぐには結論づけられません。そして、2022年に入りようやくその答え合わせができました。後述しますが、予想以上に驚異的なインフレだったのです。

さて、前置きが長くなりましたが、米国の中央銀行制度や金融政策について、基本的なことをまとめてみます。

米国の中央銀行制度（FED・FRB・FOMCの違い）

アメリカの中央銀行を表現する際に、FEDやFRBという単語をよく耳にします。FOMCという単語も時々出てきますね。それぞれどう違うのかを説明します。

＞FED

連邦準備制度（Federal Reserve System）は、1913年の連邦準備法に基づいて創設された米国の**中央銀行制度**の総称ですが、FEDはその略称になります。FRSと呼ばれることもあります。

つまりFEDはしくみのことで、FEDという単独の機関があるわけではないことに注意してください（図表19）。

＞FRB

FRBは「Federal Reserve Board」の略で、日本では**連邦準備制度理事会**と呼ばれています。本部はワシントンにあり、ニュースにもよく登場しますね。

米国は連邦制で各州の独立性が強いため、組織としては「中央銀行」というものが存在しません。そのため、全米12地区にある**連邦準備銀行**とその監督機関であるFRBが「FED」の中心となり、FRBはFEDの最高位の決定機関として、米国のさまざまな金融政策の決定や連銀の監督などの役割を果たしているのです。

FRBは7人の理事から構成され、FRB議長は各国の「中央銀行総裁」に相当します。

議長、副議長、理事は大統領が指名し、上院の承認が必要になります。

　議長、副議長の任期は1期4年で再任は可能ですが、理事の任期は14年で再任はできません。

　理事の任期が14年と長いのは、時の大統領（大統領の任期の上限は2期8年）が自分の政治目的のために理事を不当に解任したり、自分の子飼いの人物で理事を固めるといったFRB支配ができないようにするためとされています。

　FRB理事は、政策金利など金融政策を決定するFOMCに出席し、投票権を持っています。2022年7月にバー副議長が就任し、長らく続いた欠員状態が解消されましたが、2023年2月にブレイナード副議長が退任したため、2023年7月時点では、ジェファーソン理事が副議長に昇格し、新たにクグラー氏も理事に就任する見込みです。

＞FOMC

　FOMCは、**連邦公開市場委員会**（Federal Open Market Committee）の略称です。FOMCは米国の政策金利を含む金融政策の方針を決める最上位の会合で、**投票権を持つメンバーの多数決により決定されます。** 日銀で言えば、「金融政策決定会合」に相当するものです。

図表19 アメリカの中央銀行制度（FED）のしくみ

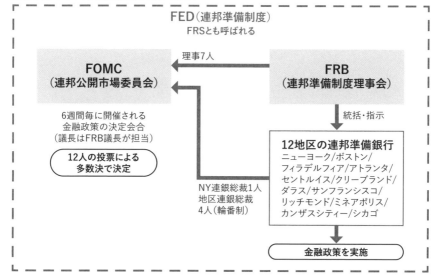

FOMCのメンバー構成は、FRBの理事7人、ニューヨーク連銀総裁1人、地区連銀総裁4人（11地区の持ち回り）の合計12人が投票権を持ちます（地区連銀総裁4人は1月1日から始まる1年交代の輪番制で選出）。

なお、FOMCの議長はFRB議長が担当し、副議長はNY連銀総裁が担当します。

FOMCと発表のタイミング

FOMCは、**6週間毎に年8回開催**されます（必要時には臨時開催もあります）。

FOMCでは後述する「ベージュブック」をベースに議論が行われ、景気判断のほか、政策金利の誘導目標や非伝統的措置である量的緩和の拡大・縮小といった金融政策の方針が決定されます。FOMCは**2日間**行われ、最終日の会合終了後に政策金利や声明文の発表と会見が行われます。

図表20 FOMCの発表項目とタイミング

項　　目	タイミング
FOMC	**6週間毎に年8回開催**
政策金利・声明文	現地時間14：00発表 （日本時間：夏時間3：00／冬時間4：00）
議長会見	現地時間14：30発表 （日本時間：夏時間3：30／冬時間4：30）
経済見通し（ドット・チャートなど）	3・6・9・12月の会合当日
議事要旨	3週間後

＞経済見通し（3・6・9・12月）と議長記者会見

FOMCでは年4回、数年先までの**マクロ経済予想**を発表するとともに、FOMCのメンバーの各年末のFFレート・ターゲットの見通しが**ドット・チャート**で示されます。このチャートはマーケットで大変重視され、特に中央値は注目されます。必ずチェックするクセをつけましょう。

また、**議長の記者会見**は経済見通しと同じく年4回でしたが、2019年から毎回実施されるようになりました。

> 議事要旨

2004年12月14日のFOMCで、議事要旨を原則としてFOMC最終日の**3週間後**に公表することになっています。

> ベージュブック

FOMCの2週間前に**ベージュブック（地区連銀経済報告）**が発表されます。私はいつもこの発表を見て、「あと2週間でFOMCだな！」と再確認しています。このベージュブックは、12地区連銀が担当する地区について各々の経済情勢を集約したもので、FOMCではこれをベースに議論が行われています。

> FEB議長の義務（議会証言）

先進国の中央銀行総裁には、定期的に議会で証言する義務があります。

欧州や英国では四半期に1回、米国では半期に1回です。1978年に「完全雇用均衡成長法（ハンフリーホーキンス法）」が制定され、**FRB議長が金融政策や経済状況について、半期に1回、上下両院で議会証言を行うことが義務づけられました。**この法律は2000年に失効しましたが、慣習は現在も受け継がれています。この議会証言の特徴は、議長が最初に読み上げる声明文の内容は同じものなのですが、その後に続く**議員による質問（Q&A）**は別もので、突っ込んだ内容の質疑応答もあり、そこが見所でしょう。

米国と欧英の中央銀行の責務には、若干の違いがあります。欧英は、「物価安定の維持」であり、金融政策の変更を通じてインフレ率を安定させ、その目安としてインフレ目標値を設定します。

米国の場合は**デュアル・マンデート（2つの責務）**と言い、1つは欧英と同じく「物価安定の維持」、もう1つは「完全雇用の達成（労働市場の健全化）」です。議会証言でも雇用状況や失業率に関する質疑があります。

要人発言に注意すべきFOMCの要人

FRB理事7人および連銀総裁12人の全員が要人ですが、最も注意すべきは当然ながらFRBパウエル議長、そして他の理事になります（図表21）。

図表21 FRBの理事（2023年7月時点）

氏名・役職	就任時期/その他
パウエル議長	2018年2月
ジェファーソン理事	2022年5月/2023年7月時点では副議長に昇格見込み
バー副議長	2022年7月/金融規制担当
ボウマン理事	2018年11月
ウォラー理事	2020年12月
クック理事	2022年5月
クグラー理事	2023年7月時点では就任の見込み

　また、連銀総裁の中ではFOMCの副議長であるNY連銀総裁（現在はウィリアムズ総裁）と、持ち回りでFOMCの投票権を持つ4地区の連銀総裁が特に要注意です。

＞タカ派／ハト派の割合の注意

　2021年には連銀総裁が立て続けに辞任。2022年はクラリダ元副議長が任期満了を前に辞任。そして2023年には、後任のブレイナード前副議長が退任するなど、理事や連銀総裁の入れ替わりが激しいです。驚くことに7月にはタカ派代表格のセントルイス連銀ブラート総裁も突然の辞任を発表し、タカ派／ハト派の比重が大きく変わる可能性が出てきました。この比重の変化はドット・チャートに反映されるため、要注意です。

インフレ・ターゲットと政策金利

　米国の主要インフレ指標には、消費者物価指数（CPI）や個人消費支出（PCE）などがありますが、他の中銀とは異なりFRBはインフレ・ターゲットの対象に**PCE総合価格指数**を使用しています。

　ただ、マーケットではCPIの発表時期の方がやや早いこともあって、一般的にCPIやコアCPIの注目度も高くなっています。

＞米国の政策金利

　主要政策金利は、**フェデラル・ファンド金利**（Federal Funds Rate）です。これは米国の銀行が連邦準備銀行に預け入れる準備預金が足りない時に、銀行同士で融通し合う時の超短期金利で、FRBが誘導目標を設定しています。

平均インフレ率目標（AIT）の導入

　FRBは物価安定の維持のため、インフレ率の前年比2％を「長期的な物価目標」と定義していましたが、2020年8月27日、ジャクソンホール経済シンポジウムで、パウエルFRB議長が**平均インフレ率目標**（Average Inflation Targeting）を発表しました。

　米国も欧州も英国も、中銀は「インフレ・ターゲット制」を導入し、2％という目標を設定しています。この特徴は、**インフレ率がターゲットの2％を超えそうだと中央銀行が判断した場合、政策金利を引き上げ、物価が安定的に2％前後で推移することを目指します。**

　しかし、2008年9月の世界金融危機以降、インフレ率は下がる一方でどんどん2％の目標から遠ざかるばかりでした。そこで、米国は「インフレ率がターゲットを下回る時期が一定期間続いたので、景気が回復し物価がターゲットを上回る時期が来たとしても、しばらく様子を見ながら政策金利の引き上げを見送っても良いのではないか？」と考えたのでしょう。これが「平均インフレ率目標」です。

　図表22のチャートはサンフランシスコ連銀が作成したものです。点線の部分は私が書き加えましたが、青い点線の期間はインフレ・ターゲットの2％を下回る期間、黒い点線は2％を上回る期間です。

図表22 FOMCの平均インフレ率目標

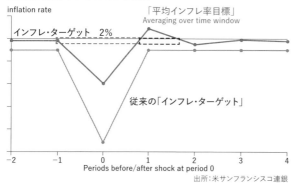

inflation rate

「平均インフレ率目標」
Averaging over time window

インフレ・ターゲット　2％

従来の「インフレ・ターゲット」

Periods before/after shock at period 0

出所：米サンフランシスコ連銀

これまでであれば、青い点線期間の最後のあたりで政策金利の引き上げが行われるのが普通でしたが、平均インフレ率目標では、**この局面でも政策金利は据え置きのまま様子を見守る**ということです。

　政策金利は、どこの中銀でも金融政策理事会の度に引き上げと引き下げを繰り返すようなことはあり得ません。一度方向が決まればしばらくの間は、同一方向の政策変更が続きます。

　しかし、平均インフレ率目標の導入に踏み切った当時（2020年8月末）は、コロナパンデミックにより3月に緊急利下げして以来、ゼロ金利（0.0〜0.25％）のままであり、超低金利政策の長期化を念頭においていたのでしょう。

　ところが現実は違いました。2021年秋からインフレ率が急上昇し始め、2022年1月のCPIの上昇率（前年同月比）が7.5％に達しました。FRBは高インフレを抑制すべく、2022年3月から利上げを開始し、現在も継続中です（図表23）。

　なお、平均インフレ率目標について詳しく知りたい方は、ブルッキングス研究所のレポートをお読みいただければと思います（https://www.brookings.edu/blog/up-front/2019/05/30/what-is-average-inflation-targeting/）。

図表23 FF金利の推移

2-07 日本銀行（BOJ）の金融政策とその特徴

　できれば日本銀行については、書きたくありませんでした。渡英して既に34年目に入っていることもあり、日本人でありながら、日本の中央銀行は馴染みが薄い存在です。

個人投資家にとっての日本銀行

　日本は過去もずっとインフレにはならないため、「引き締め」という形での金融政策変更の必要性（可能性）がなく、私の中では日銀はほとんどずっと忘れた存在になっていました。

　これは私だけでなく、海外のディーラー達にとっても同じでしたが、2023年4月に植田新総裁が就任してからは状況が一変したのです。それまでは為替における収益を追求するのであれば、日銀ではなく他の中央銀行の動向をチェックした方が生産的なのは、紛れもない事実でした。

　ここからは日銀が動き出せば、日本人は有利になるかもしれません。日銀は当たり前ですが、日本語で金融政策発表を行います。政策変更の情報を日本語でいち早く入手できるという事実は、海外投資家に対する非常に強いエッジになり得ます。

　為替取引を考える上でポスト黒田の今、日銀に着目することは非常に重要です。

金融政策決定会合と発表のタイミング

　日銀の金融政策決定会合は、**6週間毎に年8回開催**されます。総裁・副総裁・審議委員と言われる各界の有識者が集まり、金融政策を決定する会合です。1・4・7・10月の会合では、経済状況を網羅的に点検する**展望レポート**が会合と同時に発表されます（図表24）。

図表24 金融政策決定会合の発表項目とタイミング

項　　目	タイミング
日銀金融政策決定会合	6週間毎に年8回開催
政策金利・声明文	会合終了後に発表 （通常月は12時頃、1・4・7・10月は13時頃）
総裁記者会見	会合終了後の15時30分から
経済・物価情勢の展望（展望レポート）	1・4・7・10月の会合で決定し、発表
主な意見	原則6営業日後
議事要旨	次回会合の3営業日後
議事録	10年後

　他国の中央銀行とは異なり、会合の終了時刻は決まっておらず、通常の会合ですと12時頃、展望レポートが発表される会合では13時頃に終了し、決定内容が日銀のウェブサイトにいきなり掲載されます。

　政策変更が行われる場合には終了時刻が遅くなります。例えば、国債買入れ額が増やされた2014年10月会合の終了時刻は、13時39分でした。会合がなかなか終わらないと、金融緩和が行われるとの思惑が出てきて、為替が徐々に円安に振れ始めます。

　その後、15時30分から1時間程度の**総裁による記者会見**が行われます。

> **政策委員会の構成**

　政策委員会は日銀の最高意思決定機関で、総裁、副総裁2人、審議委員6人の計9人で構成されます。この9人の政策委員会委員の任期は5年で、国会の同意を得て内閣が任命します。**政策の方針は多数決で決定されます。**

　2023年4月8日、10年間に渡り金融緩和を推進した黒田前総裁が退任し、翌9日から**植田和男総裁**、内田眞一副総裁、氷見野良三副総裁が就任して新体制がスタートしました。

要人発言に注意すべき日銀の要人

　金融政策決定会合は多数決ですが、実際には総裁が賛成した議案が否決されたことは近年で1回もなく、実質的には採決の前から根回しが済んでいるものと考えられます。そのため、12の地区連銀総裁が集まり議論を

行うFRBのFOMCや、各国の利害が大きく対立するECBとは異なり、日銀の政策委員による発言の重要性は劣ります。

日銀において発言をチェックすべき要人は、**基本的には総裁のみ**と考えて良いのかもしれません。

10年続く異次元緩和の行く末は？

日銀は2013年1月に、消費者物価指数で見て前年比＋2％の上昇率を目指す**インフレ・ターゲット**を導入しました（次ページの図表25）。当時の安倍首相が選んだ黒田東彦総裁は、総裁就任直後の同年4月4日、2年間で2％の物価安定目標を達成することを目指し、「量的・質的金融緩和」と呼ばれる大規模な国債と日本株ETFの買入れ策を発表しました。当時、メディアで盛んに報道された、いわゆる「異次元の金融緩和」です。

当時の岩田規久男副総裁は、就任前の国会での参考人聴取で、目標を達成できなければ辞任する旨の発言までしましたが、一向に2％には届かないままでしたが岩田副総裁は結局辞任せず、任期満了で退任しました。

> 繰り返された金融緩和策の深掘り

2014年10月には長期国債と日本株ETFやREITの買入れ額を増やすなど、複数回に渡り金融緩和が強化されました。それと並行して、2016年1月からは短期金利（日銀当座預金の政策金利部分）に**マイナス金利**を導入、同年9月からは長期金利（10年国債の利回り）を0％近辺で推移することを目指す**イールドカーブ・コントロール（YCC）**が導入されました。

> 日銀が日本最大の株保有者に

黒田総裁就任後、国債をどんどん購入したため品不足になり、その後に存在感を見せ始めたのが**ETFの買入れ**です。2014年に年3兆円規模に増額、2016年にはその倍の年6兆円となり、2020年3月にはパンデミック対策の1つとして、一挙に買入れ上限を当面年12兆円まで増やしたのです。

2022年9月末時点で日銀の保有するETFの時価総額は48兆円（簿価で約37兆円）を超えており、TOPIX銘柄の時価総額の7％を超えているという試算もあるそうです。今や日銀が日本最大の日本株保有者になっており、「日銀が株価を支える官製相場で、市場をゆがめている」「日銀の財務に悪

図表25 2013年からの日本銀行の主な金融政策の動き

年月日	文書名と主な政策内容
2013年1月22日	**「金融政策運営の枠組みのもとでの「物価安定の目標」について」** 物価安定の目標を「消費者物価の前年比上昇率で2%」と定める。
2013年4月4日	**「量的・質的金融緩和」の導入について** 　消費者物価の前年比上昇率2%の「物価安定の目標」を、2年程度の期間を念頭に置いて、できるだけ早期に実現する。 ①マネタリーベース・コントロールの採用 　金融市場調節の操作目標を、無担保コールオーバーナイト物から「マネタリーベース」に変更し、マネタリーベースが、年間約60～70兆円に相当するペースで増加するよう金融市場調節を行う。 ②長期国債買入れの拡大と年限長期化 　イールドカーブ全体の金利低下を促す観点から、長期国債の保有残高が年間約50兆円に相当するペースで増加するよう買入れを行う。長期国債の買入れ対象を40年債を含む全ゾーンの国債とし、買入れの平均残存期間を、現状の3年弱から国債発行残高の平均並みの7年程度に延長する。 ③ETF、J-REITの買入れの拡大 　ETFおよびJ-REITの保有残高が、それぞれ年間約1兆円、年間約300億円に相当するペースで増加するよう買入れを行う。
2014年10月31日	**「量的・質的金融緩和」の拡大** ・マネタリーベース増加額を年間約80兆円（10～20兆円追加）に拡大。 ・長期国債の保有残高増加額を年間約80兆円（約30兆円追加）に拡大し、買入れの平均残存期間を7～10年程度に延長（最大3年程度延長）。 ・ETFおよびJ-REITの保有残高増加額をそれぞれ年間約3兆円（3倍増）、年間約900億円（3倍増）に拡大。
2016年1月29日	**「マイナス金利付き量的・質的金融緩和」の導入** 金融機関が保有する日本銀行当座預金に▲0.1%のマイナス金利を適用する。今後、必要な場合、さらに金利を引き下げる。
2016年7月29日	**「金融緩和の強化について」** ・ＥＴＦ買入れ額を年間約6兆円（現行の約3.3兆円からほぼ倍増）に増額。
2016年9月21日	**「長短金利操作付き量的・質的金融緩和」の導入** ・長短金利操作（イールドカーブ・コントロール） 〔短期金利〕日銀当座預金に▲0.1%のマイナス金利適用を維持。 〔長期金利〕10年物国債金利が概ねゼロ％で推移するよう、長期国債の買入れを行う（年80兆円を目途）。
2020年3月16日	**「新型感染症拡大の影響を踏まえた金融緩和の強化について」** ETFおよびJ-REITについて、当面は、それぞれ年間約12兆円、年間約1,800億円に相当する残高増加ペースを上限に、積極的な買入れを行う。
2022年12月20日	**「当面の金融政策運営について」** 国債買入れ額を大幅に増額しつつ、長期金利の変動幅を、従来の「±0.25%程度」から「±0.5%程度」に拡大する。
2023年7月28日	**「当面の長期国債等の買入れの運営について」** （参考）イールドカーブ・コントロール（YCC）の運用の柔軟化 長期金利の変動幅について従来の±0.5%は目途とし、指値オペの水準は±1.0%に柔軟化する。

影響を及ぼす」といった批判も出ています。

　また、日銀が国債の大量購入を続けているため、国債の流通量が減り、取引が成立しない日も出るなど、品薄状態が続いています。パンデミックと言えば、2020年4月には国債買入れ額を「無制限」にし、大規模な景気対策に伴う国債発行をすべて日銀が受け入れるような印象を与えましたが、それでも国債の品薄感は払拭されていません。

金利差で動いた2022年のマーケット

　さて、2022年のＦＸ市場の最大の特徴は、**ドル高と円安の同時進行**でした。ドル円は3月に入ると上昇し始め、10月末には一時151円台の円安となりました。どうしてこのような動きになったのか、ウクライナ侵攻による地政学リスクの高まりと、基軸通貨である米ドルの需要が一時的に高まったこともありますが、それ以上に決定的となったのは、「金融政策のベクトルの方向性の違い」だと私は思います。

　為替取引の目的の1つは、より高い金利がつく通貨を買い持ちすることで利回りを確保することです。そのため、短期の金利を決定する中央銀行に注目することは必須であり、中銀による政策金利の引き上げ・引き下げのトレンドは、そのまま通貨高・通貨安のトレンドを生むことになります。

　2022年、特に前半のマーケットは、政策金利の引き上げ観測による金利差でマーケットは動きました。

　ロンドンの金融市場で学んだことは、「自国通貨が安くなって喜んでいる国はない」ということでした。特に英国は1992年の「ポンド危機」で自国通貨が叩き売られた苦い経験があるので、通貨安には非常に敏感です。

　しかし2022年4月のマーケットでは、日本円はロシア・ルーブルの次に売られる通貨となったにも関わらず、日銀の黒田総裁は「円安は全体として日本経済にプラス」と発言し、緩和策継続の方針を示しました。

　このあたりの感触は、海外に住んでいるとさっぱりわからず苦労しています。その後、5月になるとロシア・ルーブルは持ち直し、円はトルコリラよりも売られる通貨に成り下がりました。

中央銀行による「介入」の思い出

　ここで1つ、日銀の介入の思い出を披露しましょう。私がまだ日本でディーラーのアシスタントをしていた頃、日銀のドル買い円売りの市場介入がありました。ある外資系銀行の外国人ディーラーがその介入に逆らう形で、日銀がドル円を買う度に、ドル売り円買いを繰り返していたのです。

　日本人であれば、日銀の介入に楯突くことなど絶対にしません。しかし、この外国人ディーラーは自身の相場観に基づき、日銀が買い上げる度に高値で売り抜けていました。

　当然ですが、日銀は猛烈に腹を立てました。結果として、このディーラーは1週間でしたか1ヵ月でしたかの自宅待機処分となってしまい、たまたまこの方の大親友であった私の元旦那さんのところに、「暇だからバーベキューをやろう！」と平日にも関わらず何度も電話してきたことを覚えています（笑）。

　円以外の介入で最も印象に残っているのは、やはり1992年9月に起きた**ブラック・ウェンズデー**（ヘッジファンドのジョージ・ソロス氏が引き起こしたポンド危機）です。当時私は英国のバークレイズ銀行本店のディーリング・ルームに勤務していたこともあり、目の前でポンドが大暴落し、一日の間に何度も政策金利を上げて通貨防衛をしていた英中銀BOEの動きをすべて自分の目で見ていました。暴落するポンドを支えようとBOEがバークレイズ銀行にもポンド買いの介入を要請し、最初は言われるままに介入に参加しましたが、しばらくすると上の判断でBOEの介入要請を断ったのです。介入で買ったポンド・ポジションが捌けずに、損失がどんどん積み上がってしまったからです。

　日本では、日銀の介入要請を断る銀行はなく、日本人の間では日銀に逆らうという発想自体がありませんが、この時のBOEに対するバークレイズ銀行の「NO！」という毅然とした態度は、私には非常に斬新に映りました。

第 3 章

注目すべき経済指標と
見方の基本

Economic Indicators

3-01 注目の経済指標は時代によって移り変わる

マーケットで取引される資産には、通貨や株式、債券、金などのコモディティ、最近では暗号資産なども入ります。これらの価格は「需給」、「ファンダメンタルズ」、「テクニカル」の影響を受けながら、短期・中長期のトレンドを形成していきます。

その中でファンダメンタルズと聞くと、「難しい！」というある種の拒否反応を示す方もおられます。しかしファンダ苦手組も、GDPやインフレ率などの経済指標の発表時には、無意識のうちに自分なりに数字を分析してポジション形成に役立てていますから、食わず嫌いというか先入観の部分が大きいように感じられます。

マーケットの大きな注目指標・材料の移り変わり

一口に経済指標と言っても、**何が一番注目されるかという流行**があります。ここ数年、特にパンデミック以降は、米国の雇用統計とインフレ率が一番人気でした。

過去を振り返ると、「旬の経済指標」や「相場を動かす材料」が時代とともに変化していることがわかります。

＞1980年代後半〜プラザ合意が円高を招来

為替の歴史で最も大きな影響を与えたのは、1985年の**プラザ合意**かもしれません。当時はレーガン米大統領が「強いアメリカの復活」を声高に叫び、レーガノミックスと呼ばれる経済政策を発表。そこには「強いドル」という為替政策が含まれていました。しかし「強いドル」はドル高を招き、米国の巨額の**貿易赤字**は拡大し、**財政赤字**のさらなる悪化を引き起こす最悪の事態となったのです。

そこで、1985年9月22日、過度のドル高を是正し双子の赤字を解消する目的で、米日英独仏の5ヵ国の間で「各国の協調介入により過度のドル高

図表1 プラザ合意後、ドル円は一貫して下落トレンドへ

米ドル／円・1月・FXCM

1985年9月
プラザ合意

円高ドル安へ

JPY

280.000
240.000
200.000
160.000
120.000
80.000

1982　1984　1986　1988　1990　1992　1994

チャート提供：TradingView (https://jp.tradingview.com)

を是正する」という内容のプラザ合意が決定されたのです。場所はニューヨークのプラザホテルでしたので、そう呼ばれています（図表1）。

こういう背景があるので、当時は米国の**貿易収支**が最も注目を集めた経済指標でした。

1990年代～東西冷戦の終結で地政学リスクが顕在化

その後1990年代に入ると、時代の大きな転換点を迎えました。1990年10月の東西ドイツ統一、1990年8月のイラク軍のクウェート侵攻とそれに続く翌年の湾岸戦争、1991年12月のソビエト連邦崩壊というように、**地政学リスク**が顕在化します（97ページの図表2）。

その前兆が見られたものもありますが、経済指標とは違い、ニュースが出るタイミングはバラバラです。「**有事のスイスフラン**」が一世を風靡したのも、この時代です。

「地政学リスク相場」の到来とともに、私のディーリングのやり方も変わりました。湾岸戦争の頃は「原油価格動向をにらみながらドルの先行きを考えて相場を張る」という、今までにない取引手段を取りました。一般論として、原油価格上昇➡米国の景気減速懸念というシナリオを立て、それを先取りする形でドルを売るという、「原油価格とドルの逆相関性」を念頭に置いた取引方法でした。

そして、2000年を目前にする頃には単一通貨ユーロの導入（ユーロは1999年1月から非現金決済通貨として導入され、2002年1月から現金の流通開始）に向けた**コンバージェンス取引**が盛んに行われ、欧州が相場の主役となりました。

　これはユーロに加盟する国々の金利水準や為替交換適正レベルが一定の水準に収斂する動きを利用して行う裁定取引（アービトラージ）のことを指し、欧州通貨同士での売買が増加しました。

2000年代～中国を始めとする新興国の台頭

　2000年代の大変化は、中国やインド、ブラジルといった**新興国の台頭**ではないでしょうか。中国はGDPで2010年に日本を抜いて、米国に次ぐ世界第2位の経済大国に躍進しました。

　例えば、豪州では2003年頃から主要貿易相手国として中国の比率が急速に高まり、2010年には輸出入ともに中国が第1位となりました。

　長い間米欧などの主要国にばかり眼を奪われていた投資家達は、豪ドルを取引するのに、中国の金融政策や経済指標を睨みながら行うという新しい取引方法を実行に移したのです。

　そして、もう1つ絶対に忘れてはならないのは、日本の個人投資家の登場です。1998年4月に「外国為替及び外国貿易法」（改正外為法）が施行され、為替取引に一般個人の参入が認められて、日本でもＦＸ（外国為替証拠金取引）時代の幕開けとなりました。

　特にゼロに近い低金利の日本円を売り、米ドルや豪ドルなどの高金利通貨を買う**円キャリー取引**が日本の個人投資家の間でも大流行し、海外メディアからは「ミセス・ワタナベ」と呼ばれ、相場を動かす新たな勢力として注目されました。

　とにかく円を売って外貨を買い持ちしていれば儲かる、という非常にわかりやすい相場展開が数年間続いたことは、日本人のＦＸ人口を大幅に増やすことに大きく貢献したのは間違いありません。

図表2 時代による市場のテーマ、注目材料の移り変わり

1980年代	米国の双子の赤字 （貿易赤字と財政赤字）

1990年代前半	湾岸戦争やソビエト崩壊 地政学リスク

1990年代後半	ユーロ導入前夜 コンバージェンス取引

2000年以降	新興国の登場と台頭

2005年頃～	円キャリートレード

2008年	リーマン・ショック～世界金融危機

2009年～	ギリシャ債務危機

2016年～	Brexitとトランプ大統領

2020年	コロナ・パンデミック危機

2022年～	止まらないインフレ 加速度を上げた金融政策の正常化

3-02 経済指標発表の基本的な対処法

ファンダメンタルズ分析の最初のステップは、数ある経済指標のチェックです。

なぜ経済指標に注目するのか？

スキャルピングであれば、ファンダメンタルズを知らなくとも取引はできます。ただし、たとえスキャルでも長期の上位足（週足や日足など）を見てトレンドを把握してから、下位足（1時間、5分、1分など）でもできる限り方向性が同じ取引をする方が、収益率は良さそうです。

下位足ではさほどファンダを気にしなくても良いかもしれませんが、上位足にいけばいくほど、ファンダメンタルズ分析が重要になってきます。

そもそも経済指標の定義は、「各国の公的機関等が発表する、経済状況を構成する要因（物価、金利、景気、貿易など）を数値化した、経済の現状や過去からの変化を正確に把握できるもの」です。

図表3 マクロ経済指標とミクロ経済指標の違い

マクロ経済指標

国全体の経済状況を把握するもの
例）GDP（国内総生産）　インフレ率
　　失業率　経常収支など

ミクロ経済指標

家計（個人）・生産者・企業の経済状況を把握するもの
例）ミシガン大学消費者信頼感指数
　　購買担当者景気指数（PMI）など

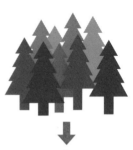

経済学が**マクロ経済**と**ミクロ経済**に分かれていることは、皆さんもよく
ご知でしょう。イメージで言うと、「森全体と1本の木」のような関係です
（図表3）。

　その中でも特に重要な指標の1つはGDPでしょう。このGDPの変化によ
り、経済全般、金融政策、財政政策など多岐に渡り影響が出てきます。詳
しくは後述しますが、GDP統計は主要国の多くの場合、四半期毎に年4回
発表されます。

　例えば米国の場合は、各四半期の数字について、それぞれ速報値、改
定値、確報値の3回発表され、結果が修正されることもあります。また1月
末には、前年1年間の数字も発表されます。

経済指標の見方と比較のしかた

　例えば、ユーロ圏第2四半期GDPが出るとしましょう。発表当日までに
私達が調べておくべきことは、次の事項です。

①第2四半期GDPの予想値
②第1四半期の数字
③過去数年間のユーロのトレンド
④ユーロのポジションの傾き（ＦＸ会社の顧客ポジションだけでなく、
　IMMポジション（15ページ）も見ておく）

　少なくとも、ここまでは調べておきましょう。

　もし余力があれば、GDPに関連する他の経済指標（小売売上高やPMIな
ど）がどんな数字であったかもチェックし、自分なりに今回の数字は予想
よりも良い（悪い）可能性があるのかまでぼんやりでも考えておくと、さ
らに良いでしょう。

　第2章の56ページでも書きましたが、実際の数字が発表された時に予想
値より良ければ、本来ならユーロは上昇するはずです。しかし、④の「ポ
ジションの傾き」が既にロングでいっぱいなら、「Buy the rumour, sell the
fact（噂で買って事実で売れ）」で利食い先行となり、一旦は下がります。

このように、**ポジションの傾きにも注意を払いましょう。**

　予想より驚くほど良かったり悪かったりしたサプライズの時は、既にロング／ショートポジションでいっぱいでも、最後の力を振り絞った上昇／下落をしますが、それは時間とともに失速する可能性が高いでしょう。

　あと、これは中上級者向けですが、GDPが予想以上に良く、政策金利引き上げの可能性に直結するような局面では、長期金利上昇が伴うことが多いはずです。こういう場合は、実際に金利引き上げがなくても長期金利は反応しますが、全く反応しない場合は要注意です。マーケットは良かった数字に対し、思ったよりずっと懐疑的な可能性があるからです。

経済指標の発表時間は決まっている

　経済指標の発表に向けて、ＦＸ会社や情報配信業者などが**事前予想・コンセンサス**を出します。

　各国の経済指標の発表日時はほぼ決まっており、取引会社のホームページなどで**経済指標カレンダー**を見れば、指標の発表日程と予想値を確認することができます（図表4）。ただ、同じ指標でも各社の出す予想値に、若干の違いがあることもあります。

日付	時刻	国名	経済指標・重要イベント	前回 （修正）	予想	結果
4月28日	08:30	日本	3月失業率	2.6%	2.5%	2.8%
4月28日	08:30	日本	3月有効求人倍率	1.34倍	1.34倍	1.32倍
4月28日	13:00	日本	政策金利発表 （日銀金融政策決定会合終了後）	-0.1%	-0.1%	-0.1%
4月28日	15:30	日本	植田日銀総裁記者会見（**初会見**）			
4月28日	16:55	ドイツ	4月失業率	5.6%	5.6%	5.6%
4月28日	16:55	ドイツ	4月失業者数（前月比）	1.60万人 （1.90万人）	1.00万人	2.40万人
4月28日	18:00	ユーロ	第1四半期GDP速報値 （前年比）	1.8%	1.4%	1.3%
4月28日	18:00	ユーロ	第1四半期GDP速報値 （前期比）	0.0% （-0.1%）	0.2%	0.1%
4月28日	21:00	ドイツ	4月消費者物価指数（CPI）速報値 （前月比）	0.8%	0.6%	0.4%
4月28日	21:00	ドイツ	4月消費者物価指数（CPI）速報値 （前年同月比）	7.4%	7.3%	7.2%
4月28日	21:30	米国	3月個人所得 （前月比）	0.3%	0.2%	0.3%
4月28日	21:30	米国	3月個人消費支出（PCE） （前月比）	0.2% （0.1%）	-0.1%	0.0%
4月28日	21:30	米国	3月PCEデフレーター （前年同月比）	5.0% （5.1%）	4.1%	4.2%
4月28日	21:30	米国	3月PCEコア・デフレーター（食品・エネルギー除く） （前年同月比）	4.6% （4.7%）	4.5%	4.6%
4月28日	21:30	米国	3月PCEコア・デフレーター（食品・エネルギー除く） （前月比）	0.3%	0.3%	0.3%

3-03

GDP（国内総生産）

　数ある経済指標の中でも、景気全体の持続性を表すGDPは、「マクロ経済指標の王様」とも言える存在です。

GDPとは？

　GDP（Gross Domestic Product）とは、「**国内総生産**」のことで、一般的にその国の**経済規模**を表す数値です。GDPには名目GDPと実質GDPの2種類があります。**名目GDP**（Nominal GDP）とは、「国内で一定期間に生産されたモノやサービスの付加価値をその年の価格で評価し、合計した額」になります。GDPは国内分のみのため、海外支店等での生産は含みません。

　これに対し、**実質GDP**（Real GDP）とは、「名目GDPからインフレやデフレによる物価変動の影響を差し引いた値」となります。

GDP成長率とは？

　その国の経済成長率は、通貨の需給にも影響を及ぼします。経済成長率は、「**実質GDPの変化率**」で表すのが一般的です。最も影響力の大きい米国を始め、各国でも、四半期毎の実質GDP（年率換算）や通年のGDP成長率が発表されています。

　例えば、米国の場合は四半期実質GDP成長率（年率換算）、GDPのうちの個人消費、GDPデフレーター、PCEコア・デフレーターの4つの値が発表されます。

　また、**速報値**（当該四半期終了の翌月末）、**改定値**（翌々月末）、**確報値**（翌々々月末）の3回にわたり発表されます。第1四半期（1〜3月）なら速報値が4月末、改定値が5月末、確報値が6月末の発表ですが、最も注目されるのはやはり速報値になります。

国名	2015	2016	2017	2018	2019	2020	2021	2022	2023	2024
米国	2.7	1.7	2.2	2.9	2.3	-2.8	5.9	2.1	1.6	1.1
ユーロ圏	2.0	1.9	2.6	1.8	1.6	-6.1	5.4	3.5	0.8	1.4
日本	1.6	0.8	1.7	0.6	-0.4	-4.3	2.1	1.1	1.3	1.0
英国	2.4	2.2	2.4	1.7	1.6	-11.0	7.6	4.0	-0.3	1.0
豪州	2.3	2.7	2.4	2.8	1.9	-1.8	5.2	3.7	1.6	1.7
カナダ	0.7	1.0	3.0	2.8	1.9	-5.1	5.0	3.4	1.5	1.5
中国	7.0	6.9	6.9	6.8	6.0	2.2	8.4	3.0	5.2	4.5
世界	3.4	3.3	3.8	3.6	2.8	-2.8	6.3	3.4	2.8	3.0

※2023、2024は予測　　　　　　　　　　　　出所：「WORLD ECONOMIC OUTLOOK」2023.4(IMF)

GDPから何を読み取るか

　GDPから連想される経済の動きとしては、下記のような流れとなります。まず数字が良い時の流れです。

> GDPの数字が改善　➡　景気が上向きになってきた証拠　➡　雇用市場が安定　➡　給与や賞与の増額期待と失業の心配が減少　➡　消費者は財布の紐を緩める　➡　モノが売れるようになり、企業も積極的に生産や投資を増やす　➡　国内の需要増　➡　需要＞供給となるとモノの値段が上昇　➡　インフレ率の上昇　➡　中央銀行が政策金利の引き上げを検討　➡　通貨高

　悪い時はこの逆で、次のような流れになります。

> GDPの数字が悪化　➡　景気が徐々に悪化する前触れ　➡　消費者はモノを買い控える　➡　企業は在庫を抱え、設備投資に消極的　➡　国内の需要が低迷　➡　企業は採用を控えコストカットへ　➡　さらに悪化するとリストラが始まる　➡　経済活動が縮小されインフレ率が徐々に低下　➡　中央銀行が政策金利の引き下げを検討　➡　通貨安

　このように、GDPの改善／悪化により、今後の景気予想の変更をマーケットは織り込もうとします。結果的に金融政策の変更に結びつくことも多いため、通貨への影響も軽く見てはいけません。

〔事例〕最大のマイナス幅を記録した英国の月次GDP

　英国は2018年7月からGDPの発表方法を変更しました。それまでは四半期毎の数字だけでしたが、変更後は毎月1回、「前月比」と「その月を含む3ヵ月間」の数字も発表しています。これに伴い、四半期GDPの発表は改定値がなくなり、速報値、確報値の2回となりました。

　さて、ここからがGDP発表と為替の動きとの関係ですが、2020年6月12日に発表された4月GDPを例にとって話していきましょう。

　まず、下記①の5月13日発表の第1四半期GDPは、コロナ前の1月～2月前半も入っているため、2%程度のマイナスに留まりました。

　しかし、②の4月月次は最悪の結果となってしまいました。新型コロナの世界的なパンデミックの最中なのでどうしようもないとは言えますが、やはりひどい数字でした。

> ①第1四半期（速報値）
　〔前期比〕今回予想 −2.6%　　➡　　結果 −2.0%
　〔前年比〕今回予想 −2.2%　　➡　　結果 −1.6%

> ②前月比（月次）
　前回3月 −5.8%　　　4月予想 −18.7%　　➡　　結果 −20.4%

> ③3ヵ月比（2月～4月）
　前回 −2%　　　　今回予想 −10%　　➡　　結果 −10.4%

　2008年9月からの世界金融危機の時も、英国のGDPは大きく下げました。リーマン・ショックまでの13ヵ月間のGDP成長率は−6.9%でしたが、2020年4月は単月でこの13ヵ月の約3倍の落ち込みを記録したのです。

　リーマン・ショックの頃は景気の落ち込みがひどいと言っても、お店は普通に営業していました。しかし、2020年4月の英国はロックダウンの真っ只中ということもあり、スーパーマーケットと薬局以外、すべての店

舗が閉店中で交通機関も利用者はゼロ。やはりここまで徹底して社会が閉鎖されると、想像を超えた早さで経済が縮小するということを、生まれて初めてこの時に経験しました。

為替はどう動いたか

これだけの悪い数字が出ても、最初のリアクションはポンド上昇でした（図表6）。

「悪い数字に決まっているから、覚悟はできていた。」という意見もありました。そして当時は、他の主要国のGDPも悉くマイナスでしたので、ある程度のマイナス度には目が慣れていたのかもしれません。

しかしやはり、経済が**1ヵ月で20％も縮小するというのは、常識では考えにくい**ですよね。この数字を見たエコノミストやシンクタンクの人達は、「悪いとは思っていたが、ここまで悪いと絶望的な気分になる。」と驚きの感想を書いている人もいたほどです。彼らの想像を完全に超えた究極の悪さだったとも言えます。

午後になり、マーケットもさすがに「1ヵ月で20％の縮小はマズイでしょ！」と思い直したのでしょう。ポンドは一気に売り浴びせとなりました。

図表6 GDPが単月で-20％となった時のポンドドルの動き（2020年6月12日）

ポンド／ドル　5分足

3-04
雇用統計と失業率

　毎月第1金曜日に発表される米雇用統計は、ＦＸ業界のお祭りイベントです。今でもＦＸ会社や報道機関はこの様子を動画で伝えています。日本や欧州各国でも雇用関連指標は発表されますが、さすがにここまでお祭り騒ぎにはなりません。

　どうしてアメリカの数字が世界から特に重要視されるのか、それには理由があります。

雇用統計の見方の基本

　一口に雇用統計と言っても、10数項目もあります。その中でも最も注目されるのは、**非農業部門雇用者数（NFP）、失業率、平均時給**です。

　非農業部門雇用者数は、農業部門を除く産業（政府機関も含む）の雇用者数について、毎月12日を含む1週間でサンプル調査し、前月比での増減を公表するものです。失業率は、労働力人口（16歳以上で労働意志あり）に対する失業者の割合になります。

　また、雇用統計の先行指標となる民間の雇用関連指標もあります。

図表7 米国の主な雇用関連の指標

項　目	タイミング（日本時間）	特徴	発表元
米国雇用統計	原則毎月第1金曜日（月次） 夏時間21：30 冬時間22：30	非農業部門雇用者数、失業率、平均時給、労働参加率、週平均労働時間など10数項目からなる。	米労働省
ADP 雇用統計	雇用統計の原則2日前（月次） 夏時間21：15 冬時間22：15	給与計算代行会社のADP社が計算し、前月比で増減を発表。NFPの先行指標。	米ADP社
新規失業保険 申請件数	毎週木曜日（週次） 夏時間21：30 冬時間22：30	前週分を翌週の木曜日に発表。新規申請件数とともに継続受給者数も発表。	米労働省
チャレンジャー人員削減数	雇用統計の原則2日前（月次） 夏時間20：30 冬時間21：30	米国企業の人員削減数の増減を雇用・再就職サービス会社が前年同月比／前月比で発表。	米チャレンジャー・グレイ＆クリスマス社

米国にとっての「雇用統計」の持つ意味

第2章で前述したように、米国の中央銀行制度の中心であるFRB（連邦準備制度理事会）には、物価安定の維持（stable prices）と完全雇用の達成（雇用の最大化（maximum employment））という2つの責務があるため、雇用関連指標は非常に重要度が高くなり、**政策金利の決定には雇用市場の健全性がキーポイントとなるのです。**

一般的に米国の景気回復が顕著になれば、消費需要が増えて製品やサービスの売り上げが増えますので、企業は人員を増やします。すると、失業率が下がり雇用市場全体が活性化します。

その傾向が継続すれば、FRBが政策金利の引き上げに動く可能性が高くなりますので、近い将来の利上げに備え、市場参加者はドル買いに動くという流れが予測できます。103ページで説明した「GDPが良い時」と同じような流れです。

非農業部門雇用者数

米雇用統計の主役は非農業部門雇用者数です。この数字が強ければ、完全雇用にさらに一歩近づくということで、景気改善や利上げ期待が高まります。通常はこの数字発表の2日前に、**ADP雇用統計**が発表されます。

図表8 ADP雇用統計とNFPの推移

（単位：1000人）

2002年5月〜2019年12月

出所：米ADP社、米労働省労働統計局

ADP雇用統計とは、企業向け給与計算代行サービスのオートマチック・データ・プロセッシング社（ADP社）の顧客数字をベースに作成される、非農業部門雇用者数の予測統計です。**近年、先行指標としての注目度が一気に高まってきました。**

　試しに、2002年5月からのADPとNFPの数字を比較してみました（図表8）。NFPは1回目発表の数字を使っています。それなりの誤差はあるものの、ざっくりとしたトレンドは両方とも近いように感じられます。

> **サプライズに大きく反応しやすい**

　毎月の雇用統計発表時のマーケットの反応は、事前予想と実際の数字の乖離が大きいほど、反応は激しくなります。

　図表9は、2023年5月5日発表の雇用統計（4月分）の例です。18.0万人増の予想に対し、結果は25.3万人増と大きくプラスでした。この予想との乖離にマーケットは大きく反応し、ドル円は買われ上昇しました。

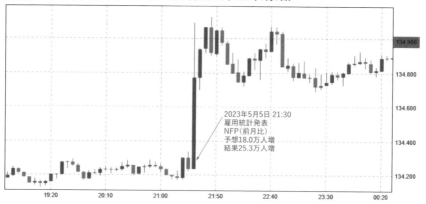

図表9 **NFPが予想より大きくプラスでドル円が買われた（2023年5月5日）**

チャート提供：TradingView・トレイダーズ証券

　厄介な例としては、非農業部門雇用者数の数字が増加し雇用者数が増えているにも関わらず、失業率も一緒に上がってしまう時です。

　マーケットではその意味合いを瞬時には消化しきれず、反応が遅れることもありますが、事前予想との乖離や就業率のチェック、既存のマーケット・ポジションの傾きなどを総合して、動き始めます。

　米国は、一国で世界のGDPの約4分の1を占める経済大国ですので、景気動向は世界経済の先行きに大きな影響を及ぼし、雇用関連統計も最も注目度が高くなります。

　たぶん誰も覚えていないと思いますが、米国以外の雇用統計でマーケットのボラティリティが上がったケースがありました。それは英国です。

　2013年8月から一時期、英BOEは金融政策の先行きを示すフォワードガイダンス制を導入した経緯があり、そこで「失業率の水準を数値基準」としたガイダンスを取り入れたからです。

　その時期は失業率が出る度に、マーケットは一喜一憂していました。現在はこのガイダンスは無効となっています。

失業率

　2008年9月の世界金融危機以降、失業者が大きく増え、米国でも失業率が10％に達しました。その後、経済回復に歩調を合わせ雇用市場が改善し、10年後の2018年には、失業率は4％を割るまでに回復したのです。

＞失業率をどう見るか

　特に絶対的な基準はありませんが、私は**主要国の失業率が4.5～5％を下回った時点で、「完全雇用に近い状態」と見なし、労働市場の「緩み」がかなり解消されたという前提で、インフレ上昇リスクを注視するようにしています。**

　緩みについては、特に米英両中央銀行がよくチェックしており、「経済／労働市場の緩み（Slack、Gap）」という単語が記者会見や四半期毎に発表されるマクロ経済予想に登場します。

　どういうことかと言うと、景気が良くなり失業率が順調に低下していても、経済には目に見えない構造的な緩みが残っています。しかし、そこから景気がさらに拡大すれば、そういう緩みも徐々に縮小し「余白」がなくなって、パンパンにタイトになります。

そういう状況で少しでもインフレの芽が出てくると、インフレは加速度をつけて上昇してしまうのです。

　英BOEは一時期、四半期金融政策報告書（旧：四半期インフレーション・レポート）の中で、緩みの具体的なサイズを対GDP比で明記していた時期があります。「緩みがほぼ完全に消滅し余白がなくなったと確認できるまでは、金融政策の変更（この場合は利上げ）は期待しないで下さいね！」というメッセージを私達に送っていたのかもしれません。

　図表10は2005年からの米国の失業率ですが、4％に青いラインを引きました。実際には4.5％あたりを下回れば私は「緩み消滅」と解釈し、経済指標チェックの優先順位を失業率から週平均賃金やインフレ率へシフトするようにしています。

　2020年4月に入ると、コロナの影響で失業率は14.7％と一気に悪化。米当局は「完全雇用の達成」のため、あれこれ手を尽くしました。この年の9月23日、ブルームバーグTVでインタビューを受けた当時のFRBクラリダ副議長は、「平均インフレ率目標（AIT）では、インフレ率が2％を達成しても、労働市場も完全雇用を達成していなければならない。」と発言。

　つまり、**インフレ率が一定期間2％を超えただけでは不十分で、完全雇用とセットにならない限り、金融緩和の解除は期待できない**、とクギを刺したわけです。

図表10 米国の失業率の推移（2005年1月〜2023年6月）

出所：米セントルイス連銀（FRED　https://fred.stlouisfed.org/series/UNRATE）

3-05

インフレ率

　中央銀行の責務が「物価安定の維持」である限り、インフレ率を抜きにしてマーケットは語れません。

インフレとデフレのどちらがいい？

　景気が良いとインフレになり、不景気になるとデフレが起こりやすいと言われていますが、「だからインフレの方がいいんだよ！」という単純な話ではありません。

　今まさに2022年後半からこの日本でも起こっているように、**インフレ率が異常なスピードで上昇すれば、それと同じだけ給料や収入が上がらない限り、私達消費者は普通の生活を送るのさえシンドイ状態になります。**

　そうなると、消費者は節約志向になり、モノやサービスが売れなくなるので徐々に経済は縮小し、景気後退リスクが出てきます。

　その反対に、1990年代から日本が経験したデフレ状態では、モノの値段が下がり続けますので、「待っていればもっと下がる！」と消費者は考えて買い控えが起こるため、人々はますますお金を使わなくなり、経済が停滞したまま苦しい時期が続きます。

図表11 インフレとデフレ

	インフレーション	デフレーション	スタグフレーション（悪いインフレ）
景気	上向き	低迷	停滞
物価	上がる	下がる	上がる
お金の価値	下がる	上がる	下がる
給料	上がる	下がる	下がる
成り立ち	需要＞供給でモノが売れて物価上昇。企業業績の向上で給料が上がりモノが売れる好循環。	需要＜供給でモノが売れず物価下落。企業業績が低迷し給料が下がる悪循環。	景気が停滞し給料が下がるにも関わらず資源価格の高騰等により物価上昇。生活が苦しくなる。

物価を安定させる意味

つまり、景気が安定して推移するためには、モノやサービスの価値は高すぎても低すぎてもいけません。この「物価安定の維持」という大役を担うのが中央銀行です。これを達成するために、中央銀行はインフレ率の目標値（インフレ・ターゲット）を設定し、インフレ率がターゲットを超えてくる局面では、インフレの沈静化を狙い政策金利の引き締め（利上げ）を行います。逆に、インフレ率が下がりデフレになりそうな局面は、政策金利をカット（利下げ）します。

長い歴史の中で、一番健全なインフレ率とは「2〜3%」と言われており、**主要国の中央銀行は、ほとんどこのレベルでインフレ・ターゲットを設定しています。**

インフレ率と通貨の関係

インフレ率と通貨レベルには密接な関係があり、通貨高になると輸入代金が安くなってインフレ率は下がります。インフレ率が下がれば、政策金利は下げ方向に動きますので、これまで強かった通貨は下落に転じます。

その逆に、通貨安が続くと輸出競争力が強くなって経済活動が活発になるため、じわじわとインフレの芽が出てきます。そしてインフレ率がターゲットに近づくのが時間の問題だと中央銀行が判断すれば、利上げに動きますので、安かった通貨は買われていきます。

このように、**通貨のレベルはインフレの有無に応じて、行きすぎたレベルから適正水準に向けて戻る機能が働いている**とも言えます。

インフレ率を測る物差し

インフレ率を測る物差しは、1つだけではありません。ほとんどの中央銀行は、消費者物価指数（CPI）をインフレ・ターゲットに使用していますが、米連邦公開市場委員会（FOMC）では、CPIに加え**個人消費支出（PCE）**関連の指標を重視しており、インフレ・ターゲットの対象指標は**PCE総合価格指数**となっています（図表12）。

図表12 各国のインフレ・ターゲットの水準

国名	名称	数値	設定主体
アメリカ	Longer-run goal 長期的な物価目標	個人消費支出（PCE） 総合価格指数　2%	FRB
ユーロ圏	Quantitative Definition 物価安定の量的定義	消費者物価指数（HICP） 中期的なインフレ上昇率 が2%以下だが2%近く	中銀
英国	インフレーション・ターゲティング	2%（±1%のバンド）	財務相
カナダ	〃	2%（1~3%の中心値）	政府と中銀
オーストラリア	〃	2~3%	政府と中銀
ニュージーランド	〃	2%（1~3%の中心値）	政府と中銀
スウェーデン	〃	2%（±1%のバンド）	中銀
ノルウェー	〃	17年間ずっと2.5%だったが、 2018年3月に2%へカット	政府
スイス	〃	2%未満	中銀
トルコ	〃	5%	政府と中銀
メキシコ	〃	3%（±1%のバンド）	中銀

　英国では、1999年の単一通貨ユーロの誕生に先駆け、欧州とのインフレ率の比較が容易にできるよう、CPIを使用していましたが、1996年までは小売物価指数（RPI)がメインでした。

デフレ回避のマイナス金利

　ユーロ圏を例に取ってお話しします。2009年から始まったギリシャ債務危機の収束を受け、2012年夏からユーロは息を吹き返しました。しかし、その直後から原油を始め商品価格の下落が始まり通貨高と原油安のダブルパンチを受け、ユーロ圏のインフレ率はどんどん下がり、あわやデフレ！という状況に陥りました。

　欧州中銀は、通貨高を止めようと口先介入を繰り返し、2014年5月の理事会で当時のECBドラギ総裁は、「ユーロの具体的なレベルについて語ることは難しいが、ユーロ高を"低インフレや経済活動の低迷"という面から見た場合、強いユーロは深刻な問題である。強いユーロについては、それなりの対処が必要となるだろう。」と断固とした態度を見せました。

そして、その翌月に開催された理事会で、主要国で初めて前代未聞の**マイナス金利**を発表したのです。このニュースを受け、マーケットではユーロ売りが炸裂し、一時マイナスにまで落ちたインフレ率が時間をかけてV字回復するに至りました（図表13）。

図表13 ユーロ圏消費者物価指数（HICP）の推移

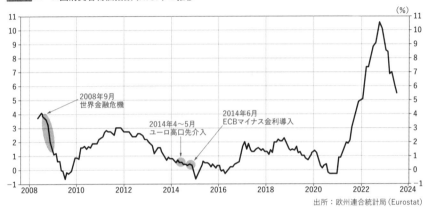

出所：欧州連合統計局（Eurostat）

インフレ・ターゲットの変化

　先ほど、中央銀行は物価安定の維持を順守するため、インフレ・ターゲットを設定して政策運営をしているとお伝えしました。しかし厳密に言うと、米国とユーロ圏は、厳密なインフレ・ターゲット制ではなく、若干ニュアンスを変えた制度を導入しています。

　米国を例に取ると、2008年の世界金融危機以来、いくら中央銀行が金融緩和をしてもインフレになりにくい状況が続きました。このような低インフレという新しい経済モデルへの移行に際し、中央銀行だけが従来の金融政策を継続することに疑問の声が上がり、最初に金融政策の枠組みの変更に動き出したのが米国でした。

　第2章の85ページでも取り上げましたが、当時のパウエルFRB議長は2020年8月ジャクソンホール経済シンポジウムを発表の場と選び、そこで「平均インフレ率目標（Average Inflation Targeting、以下、AIT）導入」を発表したのです。

図表14 AIT導入発表直後のドル円の動き

図表14のチャートが発表直後からのドル円の動きです。AIT導入により政策金利の引き上げが大幅に遅れる可能性を先取りし、ドルが急落しています。

AITとはどんな政策か？

AITを導入している中央銀行は他になく、私は発表された時、アメリカがこの新システムの舵取りを間違えれば大きな混乱を招く政策だと、嫌な予感がしていました。

AITは従来のインフレ目標とは違い、「インフレ率がターゲットを下回る時期が一定期間続いたので、景気が回復して物価がターゲットを上回る時期が来ても、しばらく様子を見ながら政策金利の引き上げを見送るのもアリ」という考え方です。

次ページの図表15のチャートはサンフランシスコ連銀が作成したもので、従来のインフレーション・ターゲットはグレーの線、AITは青色の線で描かれています。

従来のインフレ・ターゲットであれば、青色の線が2％に限りなく近づいた時点で、インフレのオーバーシュートを避けるために、先手を打って政策金利の引き上げが実施されます。しかし、AITでは丸をつけた2％を超えた局面でも政策金利は据え置きのまま、ひとまず様子を見守るという

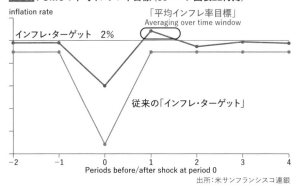

図表15 FOMCの平均インフレ率目標（85ページ図表22再掲）

inflation rate

「平均インフレ率目標」
Averaging over time window

インフレ・ターゲット　2%

従来の「インフレ・ターゲット」

−2　　　−1　　　0　　　1　　　2　　　3　　　4
Periods before/after shock at period 0

出所：米サンフランシスコ連銀

ことです。

　このAITの導入により、米国では超低金利政策が長期化し、結果として実質金利のマイナス化も長期化する可能性が出てきたため、当時のマーケットではドル安というコンセンサスができあがったとも考えられます。

　ところが、2020年2月から始まったパンデミックの影響でロックダウンに入る国が続出。その影響でサプライチェーンの逼迫が顕著となり、インフレが一挙に表面化しました。

　結局、AITを導入したアメリカは、インフレ率が5％まで跳ね上がってもまだ、「インフレ上昇は一過性の出来事」という態度を変えず、金融政策の正常化への舵取りが大きく後手にまわるという辛い現実に直面したことは、皆さんも覚えていらっしゃるでしょう。

　そして、2022年にはロシアのウクライナ侵攻もあり、エネルギー大国のロシアによるエネルギー輸出が止まり、ウクライナからの穀物の輸出も止まったため、インフレ率は凧の糸が切れたように急騰し、世界のあちこちで利上げラッシュが起こりました。

3-06

購買担当者景気指数（PMI）

　私が10年間ほど前から特に重視しているのは、景気先行指数でもある購買担当者景気指数（PMI）です。

景気動向指数とは？

　まず景気動向指数とは、生産、消費、雇用など重要かつ景気に敏感に反応する指標を統合して作成された、景気の現状や将来の動向を予測する際に参考とするための指数のことです。

　日本の景気動向指数を種類別に分けると、**コンポジット・インデックス（CI）**と**ディフュージョン・インデックス（DI）**があります。CIは主に景気変動の大きさやテンポ（量感）を測定するもので、DIは景気の拡張の各経済分野への波及度合いを測定するものです。

　そしてこの2つには、それぞれ下表のように、**①先行指数**、**②一致指数**、**③遅行指数**の3つがあります。

図表16 景気動向指数を構成する3指数

種　類	特　徴	用　途
①先行指数	景気に先行して動き、数ヵ月先の景気の動きを示す（景気循環の転換点の兆候を早期に捉える）	景気の動きの予測
②一致指数	景気にほぼ一致して動き、景気の現状を示す	景気の現状把握
③遅行指数	半年から1年遅れで反応する	事後的な確認

＞景気先行指数をチェックする

　景気の先行きを予測する上で、消費者や企業の**景況感**は大変重要です。次ページの図表17は米国の主な**景気指数（景況感指数）**ですが、いずれも先行指数とされており、主にサンプルとなった対象者にアンケート調査を実施し集計して発表しています。

項　目	タイミング（日本時間）	特徴と見方	発表元
コンファレンス・ボード消費者信頼感指数	毎月最終火曜日（月次） 夏時間23：00 冬時間24：00	米国の非営利民間機関「全米産業審議会」が全米5千人に景況感のアンケート調査を実施し、1985年を100として指数化。	米コンファレンス・ボード（CB）
ミシガン大学消費者信頼感指数（速報値）	毎月10日前後の金曜日（月次） 夏時間23：00 冬時間24：00	ミシガン大学が全米500人にアンケート調査を実施し、1966年を100として指数化。確報値は最終金曜日。	米ミシガン大学
ISM製造業景気指数	毎月第1営業日（月次） 夏時間23：00 冬時間24：00	全米の300社以上の製造業／非製造業の購買担当役員の景況感をアンケート調査し、発表。景気先行指標の1つで、50％を超えれば景気拡大、50％を割れば景気後退と見る。	全米供給管理協会（ISM）
ISM非製造業景気指数	毎月第3営業日（月次） 夏時間23：00 冬時間24：00	同　上	全米供給管理協会（ISM）
製造業／サービス業／総合購買担当者景気指数（PMI）（速報値）	毎月25日前後（月次） 夏時間22：45 冬時間23：45	米企業400社以上の購買担当者の景況感をアンケート調査。①製造業、②サービス業、③総合指数がある。景気拡大・景気後退の分岐点は50。翌月初めに改定値を発表。米国の他にも、英、独、ユーロ圏などの指標がある。	S&Pグローバル
製造業購買担当者景気指数（PMI）（改定値）	毎月第1営業日（月次） 夏時間22：45 冬時間23：45	米企業400社以上の購買担当者の景況感をアンケート調査。製造業、サービス業、総合指数がある。景気拡大・景気後退の分岐点は50。米国の他にも指標がある。	S&Pグローバル
サービス業／総合購買担当者景気指数（PMI）（改定値）	毎月第3営業日（月次） 夏時間22：45 冬時間23：45	同　上	S&Pグローバル

　また、これ以外にもセントルイス連銀やフィラデルフィア連銀などいくつかの連銀が、製造業を中心に担当地区の景気指数を毎月発表しています。

　各国では、それぞれ違った形態の景気指数が発表されていますが、これら景気指数の中でも特に為替市場で注目度が高いのは、**購買担当者景気指数**（Purchasing Manager's Index：**PMI**）でしょう。

購買担当者景気指数（PMI）に注目

　米国の代表的なPMIには、ISM製造業／非製造業景気指数や米S&P Global（2022年2月に発表元の英HIS Markitと合併）が発表するPMIがあります。

　ここでは、S&Pグローバル社のPMIを例にとって説明します。

PMI指数は、**製造業、サービス業、総合指数**に業種別に分かれており、**速報値**（当月分）は毎月25日前後に、**改定値**は翌月の月初めに発表されます（図表17）。PMIが50を超える場合は景気拡大を、50未満の場合は景気後退を示します。

蛇足になりますが、これら以外では小売売上高や労働市場関連のPMIも発表されています。ただし、マーケットでの注目は製造業とサービス業がメインですので、私もそれ以外の小売や労働市場関連のPMIは、調べてはいません。

なお、S&Pグローバル社では米国の他にも、英国、ユーロ圏、ドイツ、フランス、日本、豪州、中国、その他エマージング諸国など、多くの国のPMIを調査し発表しています。

PMIは先行指数として景気の先読みに使う

PMIを重視する理由は、製造業やサービス業に実際に携わっている購買担当者に直接聞き取りを行うため、**現場の人間が自社の生産計画などを考慮し、どのような景気見通し持っているのか感じられる**からだと思います。

つまり、この数字が堅調に推移していれば、その後発表されるであろうGDPや雇用関連指標も改善するに違いないという「**景気の先読み**」が可能となります。そうして景気過熱感が感じられる水準にまで数字が伸びれば、政策金利の引き締めの時期が近づいたと判断し、利上げを織り込む形での通貨高の波に乗れる可能性も出てくるでしょう。

実際にPMIとGDPの2つの指標を同時にチャートで表示すると、その高い相関性には驚かされます。

次ページの図表18は、2022年3月24日に発表されたユーロ圏・3月PMI速報値の総合PMIとGDPとの比較チャートです。

一目瞭然ですが、**2つの指標間の相関性は驚くほど高い**ことがわかります。このように、PMIが低下すればその後発表されるGDPの数字は弱くなることが予想され、金融政策の先読みがここでも活きてきます。

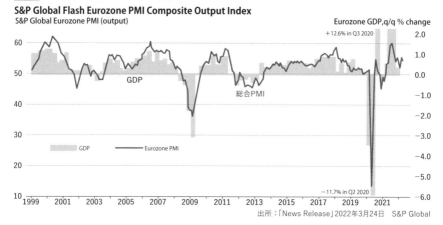

図表18 ユーロ圏の総合PMIとGDPの推移

S&P Global Flash Eurozone PMI Composite Output Index

S&P Global Eurozone PMI (output)

出所：「News Release」2022年3月24日　S&P Global

　下図は、S&Pグローバル社PMIの構成要因を書き出したものです。日本では、auじぶん銀行がS&Pグローバル社と提携し、国内インターネット銀行としては初めて「auじぶん銀行日本PMI」として、PMIの提供に動きました。

図表19 S&PグローバルPMIの構成要因

製造業とサービス業PMIは、それぞれの国の400社以上の企業を対象にアンケート調査を実施

製造業	サービス業	建設業	経済全体
生産高	事業活動	総事業活動	生産高
新規受注	新規事業	住宅関連活動	新規受注
新規輸出受注	受注残	商業施設関連活動	新規輸出受注
受注残	サービス単価	土木関連活動	受注残
製品価格	購買価格	新規受注	産出物価格
購買価格	雇用	雇用	全体的な投入物価格
サプライヤー納期	事業見通し	購買数量	購入価格
完成品在庫		サプライヤー納期	人件費
購買数量		投入物価格	サプライヤー納期
購買品在庫		下請利用率	購買数量
雇用		下請空き状況	購買品在庫
		下請価格	雇用
		下請品質	
		事業見通し	

出所：S&Pグローバル

PMIをFX取引にどう活かすか

国にもよりますが、一般的に当該月の下旬25日前後に速報値が発表され、その後改定値が続きます。PMIの数字を基にＦＸ取引をする場合ですが、改定値は速報値とあまり変わらないことが多いため、毎月下旬の「速報値」発表の時を狙う方がポジションを取りやすいかもしれません。

ただし、PMIは発表後も長時間に渡ってボラティリティが高まって通貨の乱高下を引き起こす数字ではないため、数字の前に作ったポジションは、その時に利食いしてしまう方が安全でしょう。

そして、PMIは**中長期的な景気の先行きを占うための指標**ですので、あまり短期の取引には役立たないかもしれませんが、それでも10〜20ポイントは動くこともあります。注意するに越したことはありません。

> **リリースも読んでみよう**

PMIが発表されると、皆さんは数字だけをチェックして満足しているかもしれません。しかし、できれば発表内容全体に目を通すクセをつけたいものです。

通常、PMIは2〜3ページからなるリリースPDF版で発表され、必ず**黒くハイライトを入れた部分でエコノミストの考えをまとめています。**

毎月数字を見てきたエコノミストがどう感じたのか、調査対象の企業がどう感じているのかなど、ここからの予想をするためのヒントが満載されているので、**数字だけ見るよりも先読みがもっとしやすくなる**と私は感じています。

この部分を読まないのは本当にもったいないと思いますので、是非読んでみてください。

PDF版の発表内容の探し方は、S&Pグローバル社のリリースページをクリックすると、発表された順番で並んでいます（https://www.pmi.spglobal.com/Public/Release/PressReleases）。

3-07 英国や欧州などの その他の主な経済指標

これまで説明した以外の経済指標について、簡単にまとめておきます。

英国のその他の経済指標

英国経済には、欧州大陸側の諸国とは異なる特徴もあります。

› 小売売上高

英国経済の約75％が個人消費を含むサービス業です。その健全性を占うには、小売売上高が最適です。

英国では、売上高の内訳として、①全体、②ガソリンなどのエネルギー商品、③衣料品などの非食品、④食料品、⑤オンラインセールスに代表される小売業者以外での売上、というカテゴリーに分かれています。

› 住宅ローン申請件数

為替を動かす指標ではないものの、英国経済のアキレス腱である住宅市場を測るモノサシとして、私は建築業PMIと並んで住宅ローン申請件数を必ずチェックしています。マネーサプライと一緒に発表されます。

› 住宅価格指数

持ち家比率が飛び抜けて高い英国では、住宅価格指数があちこちで発表されます。住宅金融大手の**ネーションワイド社**、ハリファックス社、インターネット不動産大手の**ライトムーブ社**、英王立公認不動産鑑定士協会（RICS）、そして英統計局と、全部で5つの機関から毎月発表されます。

車両登録台数

英国に住んでいなければ、まず絶対に知らない数字かもしれません。英国では車のナンバープレートには生産年が明記され、年に2回変わります（日本のような居住地は明記されない）。

例えば2019年を例に取ると、3月1日から2019年の表記に変わり、この日

以降に販売された新車は、プレートに「19」という数字がつきます。同じ年の9月1日にはさらに新しいプレートとなり、この日以降に販売された新車は、「69」という数字がつきます。ですから、プレートを見たらすぐに生産年がわかるというしくみなのです。

特に、**9月1日の新車販売台数は注目度が高く、ここで販売台数が増えれば景気が良いと認定される**ので、8月に入ると英国の新聞等では、「今年の新車販売台数はどうなるか？」などという特集記事も組まれます。

この数字を発表するのは、**英国自動車製造販売者協会**（The Society of Motor Manufacturers and Traders：SMMT）です。

ここは、英国の自動車業界の利益を代表し推進する役割を担い、国内外で英国の自動車産業を支援している団体です。英国政府への提言や、欧州委員会に対するロビーイング活動も行っています。

図表20は新車登録数（2023年4月分）ですが、さすがに**BEV（電気自動車）**の伸びが凄いですね。

この指標で為替は動きませんが、英国人の財布の事情を知るのには大変重宝します。

図表20 英国の新車登録台数（2023年4月分）

APRIL

	2023	2022	% change	Mkt share -23	Mkt share -22
Diesel	5,825	6,725	-13.4%	4.4%	5.6%
Petrol	56,885	54,633	4.1%	42.8%	45.8%
MHEV diesel	5,747	5,920	-2.9%	4.3%	5.0%
MHEV petrol	20,390	18,590	9.7%	15.3%	15.6%
BEV	20,522	12,899	59.1%	15.4%	10.8%
PHEV	8,595	6,449	33.3%	6.5%	5.4%
HEV	15,026	13,951	7.7%	11.3%	11.7%
TOTAL	132,990	119,167	11.6%		

出所：英国自動車製造販売者協会（SMMT）

ユーロ圏のその他の経済指標

　ユーロ圏最大の経済大国はドイツです。ユーロ圏とドイツで同種の指標があることも少なくないので、ドイツの指標も合わせてチェックすると良いでしょう。

＞景況感指数（景気指数）

　私はユーロ圏とドイツの**ZEW景況感指数**、**IFO企業景況感指数**に注目しています。なお、PMIはドイツを始め欧州各国の数字も発表されており、マーケットが動くこともあります。

＞マネーサプライ

　私はあまり各国のマネーサプライには普段注意を払っておりませんが、ユーロ圏に限っては、マネーサプライM3と同時に発表される「民間貸付」を必ずチェックしています。

　ここでの「民間」とは、非金融系、民間、一般世帯すべてが含まれています。**この数字が伸びれば、企業や個人が積極的に借り入れを行っていることとなり、経済の活性化が期待できると見ています。**

図表21 チェックしておきたい英国とユーロ圏の主な経済指標

国名	項　目	タイミング（日本時間）	発表元
英国	失業率	毎月中旬（ILO方式） 夏時間15：00／冬時間16：00	英国国家統計局
	失業保険申請件数	毎月中旬 夏時間15：00／冬時間16：00	英国国家統計局
	消費者物価指数（CPI） （前年同月比/前月比） （速報値）	毎月中旬 夏時間15：00／冬時間16：00	英国国家統計局
	マネーサプライM4 （前年同月比/前月比）	毎月第1営業日（月次） 夏時間17：30／冬時間18：30	英中銀
	製造業／サービス業購買担当者景気指数（PMI） （速報値）	毎月25日前後（月次） 夏時間17：30／冬時間18：30	Ｓ＆Ｐグローバル
	製造業／サービス業購買担当者景気指数（PMI） （改定値）	製造業　毎月第1営業日（月次） サービス業　毎月第3営業日（月次） 夏時間17：30／冬時間18：30	Ｓ＆Ｐグローバル

英国	小売売上高 （前年同月比/前月比）	毎月中旬（月次） 夏時間15：00／冬時間16：00	英国国家統計局
	ネーションワイド住宅価格 指数（前年同月比/前月比）	毎月月初（月次） 夏時間15：00／冬時間16：00	ネーションワイド社
	ライトムーブ住宅価格 （前年同月比/前月比）	毎月中旬（月次） 夏時間8：01／冬時間8：01	ライトムーブ社
ドイツ	Ifo企業景況感指数	毎月下旬（月次） 夏時間17：00／冬時間18：00	IFO経済研究所
	ZEW景況感指数	毎月中旬（月次） 夏時間18：00／冬時間19：00	欧州経済研究センター （ZEW）
ユーロ圏	ZEW景況感指数	毎月中旬（月次） 夏時間18：00／冬時間19：00	欧州経済研究センター （ZEW）
	マネーサプライM3（前年比）	毎月下旬（月次） 夏時間17：00／冬時間18：00	欧州中央銀行（ECB）
	消費者物価指数（HICP） （前年同月比/前月比） （速報値）	毎月第1営業日（月次） 夏時間18：00／冬時間19：00	欧州委員会統計局
	製造業／サービス業購買担 当者景気指数（PMI） （速報値）	毎月25日前後（月次） 夏時間17：00／冬時間18：00	S&Pグローバル
	製造業／サービス業購買担 当者景気指数（PMI） （改定値）	製造業　毎月第1営業日（月次） サービス業　毎月第3営業日（月次） 夏時間17：00／冬時間18：00	S＆Pグローバル

図表22 その他の国の主な経済指標

国名	項　目	タイミング（日本時間）	発表元
豪州	GDP（前期比/前年同期比）	当該四半期終了後の翌月上旬	豪州統計局
	失業率／雇用者数など	毎月中旬（月次）	豪州統計局
	消費者物価指数（CPI） （前年同月比）（速報値）	毎月下旬（月次）	豪州統計局
日本	GDP（前期比/前期比年率） （1次速報値）	当該四半期終了後の翌月中旬 （改定値は翌々月中旬） 8：30頃	内閣府
	消費者物価指数（CPI） （前年同月比）（速報値）	毎月下旬（月次） 8：30頃	総務省統計局
	日銀短観	当該四半期終了後の翌月初め 8：30頃	日本銀行

3-08

一風変わった経済指標

2020年から始まったパンデミックでは、これまで名前も聞いたことがない経済指標が注目を集めました。本書を書くにあたり、「もうコロナ関連の話題は時代遅れになるかな？」と迷ったのですが、世界的に完全に収束しもはや流行することはないとまで言い切れませんので、いくつかご紹介したいと思います。

コロナ後の経済指標に対する考え方の変化

私が住む英国では、2020年3月から21年5月末までの間に、1年ほどロックダウンや一部の行動制限が実施され、非常に不便な生活を強いられました。私達は毎日コロナ感染者数や死者数をチェックし、それらの数値が1日も早く平常に戻ることを祈りながら、厳しいロックダウンの日々を過ごしたのです。

例えば「感染者数」。これは経済指標ではありませんが、「毎日」発表されました。昨日から今日でこの数字はどう変化したのか、今この瞬間イギリスのコロナ状況はどうなっているのか。**実際に感染者数が増加すると、ロックダウンの延長予想が出てきて、英国経済の閉鎖状態が長期化するという発想で、ポンドが売られた**こともあります。

このように経済指標ではなくとも、「数字」がマーケットに影響を与えたのです。

ハイフリークエンシー指標とは？

2020年に入ってから、米英欧の中銀総裁による記者会見で頻繁に耳にしたのが、「ハイフリークエンシー指標」という単語でした。

「ハイフリークエンシー」と聞けば誰もが、超高速・高頻度取引の「ハ

イフリークエンシー・トレーディング (HFT)」を頭に思い浮かべるでしょう。しかし、これは経済指標としての「ハイフリークエンシー」です。

前述した感染者数のように、パンデミック後の経済回復速度を測るためには、毎月発表される1ヵ月遅れの数字では正確な状況が把握できません。そこで、**もっと早い周期で世界経済の現状を測るモノサシとして登場したのが、ハイフリークエンシー指標でした。**

ちなみに、私が住む英国の中銀が最も重視していたのは、**CHAPS (The Clearing House Automated Payment System：銀行間支払決済システム)** でした。毎日、どのくらいのお金が動いているのか、それを元に経済状況や企業活動を把握するそうです。

パンデミックが発覚したばかりの2020年4月、英国が最初のロックダウンに突入した翌週から、英統計局は「コロナ下における英国の現状報告」と題して、毎週英国経済についてマーケットに情報を流し始めたのです。

何をするにも時間がかかる英国ですが、緊急時における臨機応変さと迅速さには、いつも驚かされます。

> オープン・テーブル

まず最初は、「Open Table Restaurant bookings index」です。

日本 (https://www.opentable.jp/)

主要国別 (https://www.opentable.com/state-of-industry)

これはレストランの予約状況を表わす指標で、パンデミック当時は各国別に毎日数字が更新されていました。私達がよくチェックしたものとしては、次の2つでした。

①予約ができるレストランの比率

②レストランで食事をする人達の比率

①は現在は発表を停止していますが、どの国でロックダウンが継続しているのかが、チェックできました。継続していれば、その国の経済はまだ完全に回り始めていない状況であるため、金融政策でも追加緩和などの

必要性を考えなければなりませんでした。

②は、ロックダウンが終了した後に、どれくらいの人達がわざわざレストランに足を運んでお金を使っているかを見られます。これは、一部の主要国の数字が現在でも確認できます。

2020年2月〜9月のデータを見ると、全世界、ドイツ、英国、米国のうち、ドイツがいち早くプラスで推移しており、英国がそれに続いていました。それに対して、全世界とアメリカはずっとマイナスでした。やはりドイツが断トツで安定的にプラスを出していることが確認できました。

> **Appleモビリティ・インデックス**

イングランド中銀が2020年8月6日に発表した四半期金融政策報告書（Monetary Policy Report）に初登場したのが、Apple社が同年1月13日から2022年4月14日まで毎日発表していたモビリティ・データのチャートでした。

これは、人々がコミュニティ内で徒歩や自動車、公共交通機関を利用して移動する量の変化を表示することにより、経済の回復度などが読めるデータです。

ロックダウンが始まった2020年3月から全世界的に人々の移動が減少し、英国より一足先にロックダウンが解除されたヨーロッパでの移動量が抜きん出て高いことがわかります。やはり人の移動が多ければ、お金を使う機会も増えるでしょう。経済の回復に寄与することは、間違いないと思います。

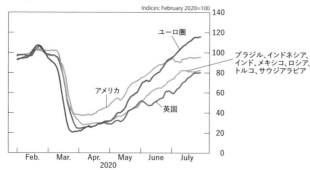

図表23 モビリティ・データのチャート（Apple社）

出所：英中銀四半期金融政策報告書（2020年8月6日）

第 4 章

ファンダを重視した
FX取引の準備

Foreign Exchange

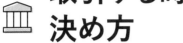

4-01 取引する時間軸の決め方

スキャルピングはポジションを大きくして、わずか数秒で数pipsだけ狙うスタイルです。妙に聞こえるかもしれませんが、私はスキャルピングが得意な人にある種の憧れがあります（笑）。

自分に合わないスタイルは失敗の基

私はスキャルピングがうまくありません。たぶん生まれながらにして反射神経が良くないのだろうと思います。それから、普段から長期の取引をしているので、ポジションを持ったら少なくとも50〜100pips取らないと意味がないという考えが頭にあり、それがスキャルピングを練習する邪魔をしているのだと思います。

FX取引には、取引の時間軸が短いスタイルから、スキャルピング➡デイトレ➡スイング➡長期取引があります（図表1）。

この時間軸の選択で最も大切なのは、自分の生活スタイルに合わせて無理をしないこと。自分が置かれた環境や性格、一日のうちでFX取引に割ける時間など、1人ひとりがテーラーメイドの選択ができるのがFXです。

図表1 FXの主な取引スタイル

スタイル	ポジション保有時間	ポジションのサイズ	狙う利幅	使う時間軸
スキャルピング	数秒〜1分程度	大きめ	数pips程度	ティック、1分足
デイトレード	数時間	大きめ	数十pips程度	5分足、15分足など
スイングトレード	数日から数週間	小さめ	100pips程度	15分足〜1時間足など
長期ポジションテイク	数ヵ月〜1年程度	小さめ	数百〜1000pips以上	日足、週足

株のように取引時間帯が決まっておらず、**月曜早朝から土曜早朝までいつでも取引できるところも魅力の1つ**ですね。

例えば、会社員であれば仕事中にプライスやニュースを頻繁にチェックするのは無理でしょう。そうなると、帰宅後に集中して取引をするので、**スキャルピング**を選ぶ人も多いでしょう。サービス業に従事しており、週末に働いて平日にお休みを取れるのであれば、その日をＦＸ取引に使うこともできるので、**デイトレ**が向いているかもしれません。

営業職や出張が多く入る職業であれば、移動中に細切れで値動きやニュースを見るぐらいしかできないでしょうから、週に数回くらいのチェックで済む**スイングトレード**が安心できますね。

私は普段の仕事に書き物が多いので、スイングと**長期のポジションテイク**をメインにしています。最も使用する時間軸は**週足**で、当然**日足**も見ますが、やはり週足がメインです。

時間軸の長さとポジションサイズはトレードオフ

時間軸が長くなれば、狙う利幅も損切り幅も大きくなります。そのため、欲を出さずにレバレッジをあまり高く設定せず、コツコツ収益を積み増すことが生き残る条件となります。

皆さんも経験があるかもしれませんが、身の丈以上にレバレッジを上げると、夜眠れなくなります。ポジションが気になって夜眠れない人は、レバレッジを落として再検討することをお勧めします。自分の人生を楽しむことを優先しなければ、長続きはしません。

私も個人投資家になった当初は、デイトレがメインだった時期もあります。しかし、その後はコラムなどの執筆や情報配信する時間が増えたため、徐々にスタイルを変えていきました。

自分の時間軸がなんだかしっくりこないな～と感じている人は、是非見直しをしてみてください。トライ＆エラーを繰り返していくうちに、しっくりくる時間軸が見つかるはずです。

4-02 為替市場と時間帯のおさらい

　為替市場は、24時間世界のどこかで取引が行われている不眠不休のマーケットです。

為替が動きやすい主要3市場

　為替市場の一日は、日付変更線の関係でまずオセアニアのウェリントン市場、シドニー市場が朝を迎えて始まります。続いてアジア（東京）市場、欧州（ロンドン）市場が開き、最後がニューヨーク市場になります（図表2）。また国別で見ると、取引高が最も大きいのはロンドン市場で全体の38.1％、続いてニューヨーク市場（19.4％）、シンガポール市場（9.4％）、香港市場（7.1％）ときて、東京市場（4.4％）は2016年から5位に後退しています（図表3）。

　その中でも為替が大きく動きやすいのは、**時間的に連続している東京（アジア）市場、ロンドン市場、ニューヨーク市場**の時間帯です。

図表2 世界の主要為替市場の分布

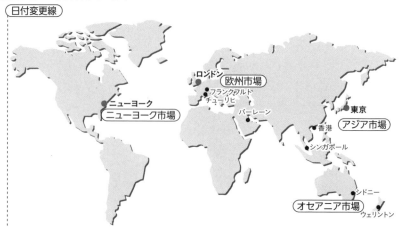

図表3 **国別市場のグローバルシェア**（%）

	10年	13年	16年	19年	22年
1位	英国 (36.7)	英国 (40.8)	英国 (36.9)	英国 (43.2)	英国 (38.1)
2位	米国 (17.9)	米国 (18.9)	米国 (19.5)	米国 (16.5)	米国 (19.4)
3位	日本 (6.2)	シンガポール (5.7)	シンガポール (7.9)	シンガポール (7.7)	シンガポール (9.4)
4位	シンガポール (5.3)	日本 (5.6)	香港 (6.7)	香港 (7.6)	香港 (7.1)
5位	スイス (4.9)	香港 (4.1)	日本 (6.1)	日本 (4.5)	日本 (4.4)

出所：日銀レビュー（2023年2月）

東京市場

　東京市場は、日本時間の**8時〜17時頃**の時間帯になります。主な市場参加者はアジア圏が中心で、投機筋は少なく、企業による貿易代金の支払いなどの**実需筋**が多くなります。

　また、5日・10日・15日・20日のように、**末尾に5と10のつくゴトー日**には、企業の決済日が集中しやすくドル需要が増すことが多く、どちらかと言えばドル高円安になりやすいと言われています。時間帯としては、朝9時55分の「**仲値**」までの時間帯が大きな狙い目となります。

ロンドン市場

　ロンドン市場は、**日本時間の16時〜1時（冬時間17時〜2時）頃**の時間帯です。東京市場やニューヨーク市場と前後に重なり合い、世界の為替取引時間の真ん中に位置します。中でも特に動く時間帯がいくつかあります。

> **ロンドン朝8時**

　ロンドン市場の始まる朝8時（**日本時間：夏時間16時／冬時間17時**）には、大きく動くことがあります。

　私は最初、東京のスイス銀行でディーラー・アシスタントとしてスタートしました。アジア時間は実需の手当てがメインで、投機的な大玉は出ません。そのため、顧客から預かった大きなフローはヨーロッパ、特にロ

ンドン市場がオープンするまで、ずっと握って待っていました。

　毎日そういうフローが出るわけではありませんが、どこの銀行もその手の玉があればロンドンまで待つので、どうしても**オープン直後はボラティリティが上がりやすい**傾向があります。

　もちろんその時に動いた方向にそのまま行き続けるわけではないですが、ロンドンのプロ・ディーラー達はアジア人のポジションの損切りを誘発させるような意地悪い動きを仕掛けることもあるので、要注意です。

＞ロンドン・フィキシング

　ロンドン時間で最も特徴的なのが「ロンドン・フィキシング」かもしれません。時間は**ロンドン時間16時（日本時間：夏時間24時／冬時間1時）**です。これは日本で言う「仲値」（9時55分）に相当するもので、その日の**対顧客用の基準レート**が発表される時間帯です。

　私が銀行で働いていた当時も、小さな玉は毎日出ていましたが、企業の買収／合併や、日本を含む公的機関の仕組物などの値決めは、必ずこのフィキシング時間のレートを使用するので、私もそういう玉が出るとわかっている日は朝から緊張していました。

ニューヨーク市場

　ニューヨーク市場は、**日本時間：夏時間21時〜 6時頃／冬時間22時〜 7時頃**の時間帯です。

　雇用統計や消費者物価指数（CPI）を始め、米国の主な**経済指標**は日本時間の21時頃〜 23時頃に集中しており、世界中から注目されるとともに発表結果によっては為替が大きく動きます（106、118ページ参照）。

＞NYオプションカットオフ時間

　これはNY市場で、通貨オプションのカットオフ時間のことです。**通貨オプション**とは、「通貨をあらかじめ定められた期日やプライスで売買する権利」のことで、リスクヘッジにも利用され、金融機関や企業の間でも売買されます。この権利行使期限が**日本時間：夏時間23時／冬時間24時**となっており、この時間の前後ではオプションのポジション調整やエキゾチック・オプションの処理玉などが出て、大きく動くこともあります。

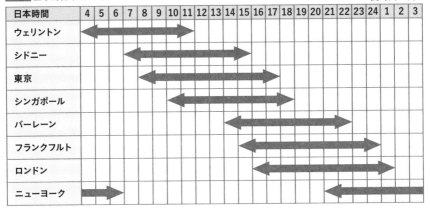

図表4 主な為替市場の時間帯　　　　　　　　　　　　　　　　　　　　　＜夏時間の例＞

日本時間	4	5	6	7	8	9	10	11	12	13	14	15	16	17	18	19	20	21	22	23	24	1	2	3
ウェリントン			←――――――――→																					
シドニー					←――――――――→																			
東京							←――――→																	
シンガポール									←――――→															
バーレーン												←――――→												
フランクフルト													←――――――→											
ロンドン														←――――――→										
ニューヨーク		←→																←――――――――→						

月末フロー／リバランス（各市場共通）

　これは各市場共通ですが、**月末・期末はリバランス（ポートフォリオの資産の再配分）などの特殊需要が高まります。**特に米系銀行は事前に予想を立てますが、正反対の予想が出る月もあり、鵜呑みにすると痛い目に遭います。

　リバランスを簡単に説明すると、世界中の機関投資家達は、国内外の株や債券などに分散投資し、リスク管理をしています。彼らが国外の株や債券へ投資する際には、為替取引が発生します。

　株価の変動を例に取ると、例えばその月は米ダウジョーンズの独り勝ちで大きくプラスで終了し、対して独DAXや英FTSE100などが大きくマイナスになったとします。その場合、リバランスをするためには、米株売り／欧州株買いとなります。そして、それに伴う為替取引としては、ドル売り／欧州通貨（ユーロやポンド）買いが発生する、という流れになります。

　この手のリバランスのフローは、前述したロンドン16時のフィキシングタイムに出ることが多いですが、必ずそうだとは限りません。また、月末最終日にまとめて出るとの約束もなく、場合によっては数日かけてバラバラと出ることもありますので、それは頭に入れておいてください。

4-03 通貨ペアと時間帯の関係を見る

前節で主要3市場の特徴について説明しましたが、通貨ペアによっても違いがあります。

3市場の時間帯と通貨ペアで比較する

右の図は、ユーロドル、ポンドドル、ドル円の3つで、週5日の動きを比較したものです（2020年12月1日〜7日／30分足の例）。これを見ると、ロンドン市場の開始時から3つとも動き出しているのがわかります。

そしてロンドン時間とニューヨーク時間の方向性では、「変わらず」と「反対に動く」が半々くらいでした。このチャートを見るまでは、東京からロンドンにかけて作ったポジションの手仕舞いや損切りがニューヨーク時間にまとめて出るせいで、正反対の動きになるのが一般的と思っていましたが、必ずしもそうではないようです。

値幅で比較する

次に値幅ですが、ユーロドルの値動きは本場のロンドン（欧州）時間よりもニューヨーク時間の方が大きく、その逆に、ポンドドルはポンドの母国であるロンドン時間で動く値幅が圧倒的に大きいことがわかります。

しかし、ドル円に関してはアジア（東京）時間よりも、その後のロンドンやニューヨークの方が動くようです。これはやはり東京時間は実需中心の動きであり、「トレンドを作ってやろう！」といった大口のトレーダーが少ないからかもしれません。

各通貨ともに、**ニューヨーク時間に入るとそれまでと真逆に動くことも多い**ので、ロンドン時間で作ったポジションをその日のうちに手仕舞うつもりであれば、流動性の点からも**欧州勢がマーケットにいる間に決済する方が安全のようです。**

図表5 月曜日から金曜日のユーロドル（30分足）

▼EURUSD,M30 1.22782 1.22909 1.22766 1.22903

ロンドン時間

NY時間

1.21730
1.21515
1.21305
1.21090
1.20875
1.20665
1.20450
1.20240
1.20025
1.19815
1.19600
1.19390
1.19175

30 Nov 2020　1 Dec 04:30　1 Dec 12:30　1 Dec 20:30　2 Dec 04:30　2 Dec 12:30　2 Dec 20:30　3 Dec 04:30　3 Dec 12:30　3 Dec 20:30　4 Dec 04:30　4 Dec 12:30　4 Dec 20:30　7 Dec 04:30　7 Dec 12:30　7 Dec 20:30

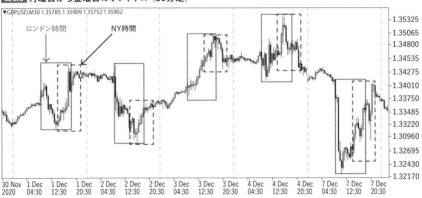

図表6 月曜日から金曜日のポンドドル（30分足）

▼GBPUSD,M30 1.35785 1.35909 1.35752 1.35902

ロンドン時間　　NY時間

1.35325
1.35065
1.34800
1.34535
1.34275
1.34010
1.33750
1.33485
1.33220
1.30960
1.32695
1.32430
1.32170

30 Nov 2020　1 Dec 04:30　1 Dec 12:30　1 Dec 20:30　2 Dec 04:30　2 Dec 12:30　2 Dec 20:30　3 Dec 04:30　3 Dec 12:30　3 Dec 20:30　4 Dec 04:30　4 Dec 12:30　4 Dec 20:30　7 Dec 04:30　7 Dec 12:30　7 Dec 20:30

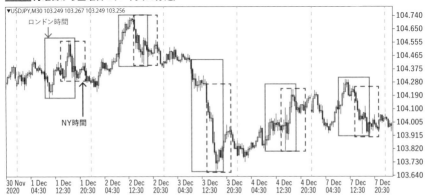

図表7 月曜日から金曜日のドル円（30分足）

▼USDJPY,M30 103.249 103.267 103.249 103.256

ロンドン時間

NY時間

104.740
104.650
104.555
104.465
104.375
104.280
104.190
104.100
104.005
103.915
103.820
103.730
103.640

30 Nov 2020　1 Dec 04:30　1 Dec 12:30　1 Dec 20:30　2 Dec 04:30　2 Dec 12:30　2 Dec 20:30　3 Dec 04:30　3 Dec 12:30　3 Dec 20:30　4 Dec 04:30　4 Dec 12:30　4 Dec 20:30　7 Dec 04:30　7 Dec 12:30　7 Dec 20:30

4-04 年間の取引プランを立てる

　皆さんはＦＸ取引をする時に、どんなプランを立てているでしょうか？私は長期ポジション保有がメインですので、最低1年以上の見通しを立てることが必要で、結構時間がかかります。

大手銀行の「来年の予想」から「キーワード」を探す

　毎年11月くらいに欧米の大手銀行が発行する「**来年の予想**」をチェックし、各行の相場観を比較します。そうは言っても、私はこの手のレポートは入手できないので、私がX（旧Twitter）をフォローしている人達がレポートのポイントを絞ってくれたものや、各行のまとめなどを報道する会社があれば、それを参考にさせてもらっています。

　そうしてざっくりとした相場観を理解した上で、各行によって相場観が違えば、それについて自分なりに分析し、この作業を毎年クリスマス頃までに終了させます。

　私はこのようにして「来年のマーケットのキーワード」を探し、「旬」の材料を見極める作業をしています。

　その後の作業としては、クリスマスが終わって正月三が日までに、翌年の主要通貨の方向性を後ほどご紹介する「通貨の天秤」を使って決めます。これをやりながら、年明け早々に発表される**ユーラシア・グループ**（https://www.eurasiagroup.net/services/japan）の「10大リスク」レポートを必ず見て、見落としがないかチェックし、もし新たなリスクがあれば、それを頭に叩き込みます（図表8）。私の場合、どうしてもヨーロッパが中心になってしまうので、アジアや中東などの地政学リスクの情報などが充実しているこのレポートは本当にありがたいです。

　それと並行し、**その年の旬のテーマとブラック・スワン**（予測ができず、

リスクNo.1 ならず者国家ロシア
リスクNo.2 「絶対的権力者」習近平
リスクNo.3 「大混乱生成兵器」
リスクNo.4 インフレショック
リスクNo.5 追い詰められるイラン
リスクNo.6 エネルギー危機
リスクNo.7 世界的発展の急停止
リスクNo.8 分断国家アメリカ
リスクNo.9 TikTokなZ世代
リスクNo.10 逼迫する水問題

出所：ユーラシア・グループ「Top Risks 2023」

起こった時に社会や市場に与える衝撃が大きい出来事）、政治日程や各国中央銀行理事の交代時期、選挙などによる首相や大統領交代の可能性といったシナリオを組み立てるのですが、この作業を手抜きで済ますと後々苦労するので、じっくりと時間をかけます。

ここまで来たら、今度はその年の何月頃に、大相場あるいは相場の転換点が来るか、自分なりに考えるのです。当然ですが、その年の主要国金融政策理事会を自分のダイアリーに書き込むことも忘れないようにしましょう。

1月からポジションを仕込む

実際の取引では、理想としては1月中に「自分が選んだメイン取引通貨ペア」のポジションを仕込むようにしたいのですが、ここ数年の傾向としてその年のメイン・トレンドが悉く1月中に逆に動くので、焦らずタイミングを待つことが増えました。「1月と決めたからには、自信がなくても取りあえずポジションを取る！」というのは馬鹿げています。儲けることと同じかそれ以上に、資産を減らさないことの大切さを理解しましょう。

ポジションを取ったら、損切り、追加ポジションなどのレベルにアラートを入れておきます。 アラートは、自分の気になるレベルにも入れておくことが多いですね。

含み益が乗っている場合のみポジションの積み増しなどを繰り返し、大体その年の11月末くらいには、ポジションをすべて閉じます。私は毎年10〜11月は日本に一時帰国しますので、日本滞在中には新規ポジションは取らない方針なのです。

4-05 X（旧Twitter）は情報収集の最強ツール

　私は、自分が必要と思う情報やファンダメンタルズ分析を「点」と捉えています。こういうさまざまな「点」を一旦自分の頭の中にある「引き出し」に入れておき、時期が熟したらそれらの点を線で結ぶ作業を大切に繰り返します。

FXの情報収集ではX（旧Twitter）が最強

　点は多ければ多いほど良く、他人にとっては取るに足らない「日々のノイズ」でも、私にとっては貴重な点になることも多々ありました。

　最初は本当に小さなノイズ（経済指標、要人発言など）に過ぎなかったものが、徐々に大きくなっていく過程を何度も経験しました。そういったノイズをキャッチするツールの筆頭が、X（旧Twitter）なのです。

　Xは、自分がフォローする人達の選択次第で、得られる情報の質に大きな違いが出ます。情報は量も大切ですが、質はもっと重要です。それゆえ、**自分が欲しいと思う情報を新鮮なうちにすばやく、わかりやすく呟いてくれる人をフォローする**ことは必須です。

　私がフォロー中の人達は、政治に強い人（ジャーナリストやシンクタンク等）、経済や金融政策に強い人（エコノミストや元中銀関係者、シンクタンク等）に加え、マーケットの情報を流してくれる人がメインです。

　基本的に日本人のフォローはお友達がメインで、ほとんどが**ヨーロッパ、英国、アメリカ在住の英語圏の人達**です（図表9）。

　ＦＸ発祥の地はロンドン。やはり情報は量も質も英語がメインで、マーケットの動きに直結します。Brexitを例に取れば、情報の99％をジャーナリストのツイートから入手しました。**政府からの発表は、あくまでも確認用にしか過ぎない**のです。

図表9 私がフォローする人や情報源

名　前	アカウント	特　徴
PiQ	@PriapusIQ	一日中、マーケットのヘッドラインを流しているので情報が取りやすい
ForexFlow	@forexflowlive	マーケット分析が非常に鋭く頼りにできる
Viraj Patel	@VPatelFX	マクロストラテジストで、特に英国経済分析は流石である
Frederik Ducrozet	@fwred	資産運用会社ピクテのマクロ経済分析ヘッド。ECB情報ではトップクラス
Piet Haines Christiansen	@pietphc	デンマークのダンスケ銀行のダイレクター。ECB関連情報は最強
Holger Zschaepitz	@Schuldensuehner	ドイツ人で、国内はもとより、欧州と米国情報が濃い
Vitor Constâncio	@VMRConstancio	ECB元副総裁、ファンダメンタルズ分析の第一人者
Wolfgang Munchau	@EuroBriefing	FT紙記者。特に欧州問題への着眼点が勉強になる
Nick Timiraos	@NickTimiraos	超有名なWSJ紙のFEDウォッチャー
Emin Yurumazu （エミン・ユルマズ）	@yurumazu	堂々と自論を展開する優秀なエコノミスト
ののわ	@nonowa_keizai	日本のファンダメンタル分析では右に出る人はいない

　ここまでマーケットの動きを左右するような人達が、無料で情報を提供してくれる。まるでパラダイスのような世界がXなのです。

> **優れた情報はタダでは得られない**

　私は情報提供を受ける報道各社や新聞などの購読にお金を支払っています。会社によっては額が未定で、「寄付」という形を取っているところもあります。このようなコストは必要経費として当然でしょう。日本では未だに「情報はタダ」という考え方が強いですが、それでは世界では勝てません。

〔事例〕EU復興基金につながる独仏からの発表

　それではX（旧Twitter）からの情報で救われた例を紹介します。

　2020年5月18日午後、「メルケル首相とマクロン大統領がオンラインで共同記者会見をするらしい」というツイートを発見しました。

最初はここまで重要な発表とは思わず、ぼんやり見ていたのですが、EUが裏付け保証しEUが代表で債券を発行するという構想を聞いて、

「債務の共有がこんな早いタイミングで行われるの？」

「まだEUには共通の財務省や予算局がないのに、見切り発車するの？」

「ユーロの実効為替レートが2018年の高値付近だけど、これ以上ユーロ高になってもいいの？」

と、頭の中で矢継ぎ早に疑問が沸いてきました。しかし、この動きは**将来の欧州統一に向けた絶対に無視できない「第一歩」**だと判断し、ユーロを買いました。

図表10 2020年5月18日の記者会見とその後のユーロの動き

2020年5月18日夕方、突然の記者会見

COVID-19被害を受けた産業や国を対象に
経済回復を目的としたEU27ヶ国による救済策

・時限措置 ・5000億ユーロ（EUGDP比約4%）・中期予算（2021/27年）に組み込まれる
・全てのEU加盟国が拠出金の上乗せとして予算に払い込む
・EU（欧州委員会）が債券発行などで資金調達担当 ・融資でなく助成金/補助金支給
・EU27ヶ国全ての合意が必要

オーストリア・オランダ・デンマーク・スウェーデンが
既に反対を表明

5月27日に欧州委員会が資金調達などの詳細を発表

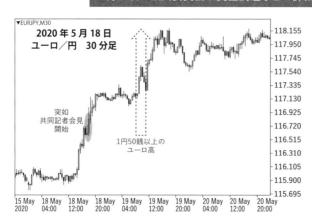

しばらくすると2人の姿が映し出され、その後パンデミック救済策となった**EU復興基金の前身であるリカバリーファンド構想の記者会見**を始めたのです（図表10）。全く予定外のイベントでした。

　今思うと、この時にいち早くTwitterで情報を得られなかったとしても、翌日にはどこかから同じ情報が入ってきたでしょう。しかし、**情報は新鮮な方が良く、出がらしの二番煎じでは遅すぎることもあります。**

　時には誤報や裏付けが取れない情報も出てきますが、この時は目の前でメルケル首相とマクロン大統領が共同記者会見をしており、特に「あのドイツ」が債務を共有すると腹を括った事実は、歴史に残る瞬間だったと今でも思っています。

情報の取捨選択で注意すること

　繰り返しますが、時には誤報や裏付けが取れない情報も混ざっています。自分で自信を持って情報の取捨選択ができるようになるには、年単位の時間がかかります。どの情報が大事で、どの情報がマーケットのトレンドを作るきっかけとなり、どれがノイズに過ぎないのか——情報は人を選びません。それを選ぶのは私達の方なのです。

›政治家や中銀関係者の発言には注意

　ただ、政治家や中銀関係者の発言は、一応重視した方が良さそうです。

　X（旧Twitter）では、それぞれの通貨毎のポジション情報を呟く人がいます。こういうツイートを見かけたら、自分のＦＸ会社の顧客ポジションと比較するなど、ひと手間かけてチェックしてみてください。

　ヘッジファンドや著名な投資家などのツイートも、私は自分のストラテジーを立てるために必ずチェックします。**特にそういう人達がこれまでの持論を変えた時は、どういうロジックで変えたのかを調べると、マーケットの大きな流れが見えてくることがあります。**

4-06 材料の織り込み済みも頭に入れる

　経済指標や金融政策などは、その発表段階において「好材料」や「悪材料」として、結果が織り込まれているケースがあります。ポジションの傾きの「織り込み済み」が自分で判断できるようになると、マーケットの理解度が格段に上がります。

織り込み度を身につける練習をしよう

　私もセミナーなどで、私が感じている各通貨のマーケットの「織り込み度合」をお伝えしていますが、織り込み度は数値化できるものではありません。同じ事例でも、投資家それぞれの感じ方や判断基準が違うため、自分が感じた織り込み度をどこかで確認したくてもできないわけです。

　私自身も、これまでずっとトライ＆エラーを繰り返しながら、自分なりのジャッジメントを習得しました。この部分に近道はないと思います。

　相場が大きく動く背景は、次の2つです。

①テクニカル

　過去の節目のレベルを超えたので、損切りが誘発され、大きく上昇／下落した。それに続いて、新規のフローが出た。

②ファンダメンタルズ

　要人発言や政治の動き、金融政策の変更などがあり、マーケットがその材料を織り込み始めた。

　目の前のチャートが大きく動いた時、その値動きが①と②のどちらによるものか、あるいはその両方なのかを考えるクセをつけましょう。そして、後回しにせず、その時に考える時間を作ってください。1ヵ月も経ってからでは単なる後付けの繰り返しになり、決して身につきません。

　目の前で起きた値動きの理由を探り、探し当てた理由を値動きに織り

込んでいく――この作業を繰り返すことで、自分なりに「各要因の織り込み度」を理解することが身につき、何度か修正を繰り返すうちに要領がつかめてくると思います。

　既に「織り込み済み」だった「材料」を見て、そうとは知らず自分なりの解釈でポジションを取ったら、大きく逆に動いて損切りになってしまった――これは誰もが何度も通る道です。織り込み度を自分で理解するには、やはり何年かマーケットを見てこないと難しいと思います。

織り込み済みを測る例：金融政策理事会

　例えば、金融政策理事会の発表を見る時は、次のようにします。

①前回理事会での発表内容をきちんと理解していること。
②今回の発表までに、経済指標はどういう数字であったかを把握する。
③理事会の事前予想（コンセンサス）をチェックしておく。あるいは自分で予想を立てる。
④マーケットのポジションをチェックしておく。
⑤要人発言が出ていれば、それもチェックしておく。

　まずここまでやってください。これだけやれば、織り込み済み材料がある程度は把握できると思います。

> 経済指標はあまり良くなかったので、ある程度弱気の内容になることまでは織り込み済み。かなり利下げの可能性に傾いた要人発言が続いていたのなら、マーケットでは勝手に利下げの可能性を織り込んでいるはず。事前のコンセンサスも、「利下げ予想」となっていた。そうなると、マーケットはその通貨を既に売っている可能性も高い。

　こういう時には、理事会で利下げが発表されても、「Sell the rumour, buy the fact」（噂で売って事実で買え）となり、逆に買われることもあります。この手の動きは結構頻繁に起こります。

4-07 絶対に省けない 実効為替レートのチェック

　日本人の個人投資家の間では、通貨の実効為替レート（Effective exchange rate）は全く知られていません。

なぜ日本では知られていない？

　なぜ日本でこの指標に人気がないのか、これは日銀が自分達の手で計算した円の実効為替レートを公表していないことが大きく影響していると考えています。実際、私も日本でディーラー・アシスタントをしていた当時、「実効為替レート」という言葉を聞くことはありませんでした。

　しかしその後、金融の本場であるロンドンで初めて、米国や英国、ユーロ圏の中央銀行が自分達で計算した実効為替レートを毎日更新していることを知ったのです。特に**イングランド中銀は政策金利決定の判断材料としてこの指標を参考にしている**と知ってからは、必死で勉強しました。

実効為替レートとは？

　日本銀行のホームページでは、実効為替レートを「**特定の2通貨間の為替レートを見ているだけでは捉えられない、相対的な通貨の実力を測るための総合的な指標**」と説明しています。元々は2国間の貿易に使用される通貨を拾い出しそれを指数化したもので、「名目」と「実質」の2種類があります。

　名目実効為替レートは、自国通貨と複数の対象国・地域の貿易額等から加重平均して算出されます。**実質実効為替レート**は、さらに対象国・地域の物価動向も加味して算出されます。

　ちなみに、日銀では**国際決済銀行（BIS）**の公表したレートを利用しており、BISのサイトでは世界各国の指標を入手できます。また、各中央銀行やセントルイス連銀のサイト（FRED）でも公表されています。

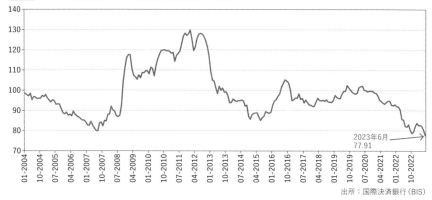

図表11 日本円の実効為替レートの例（月次、2020＝100）

2023年6月
77.91

出所：国際決済銀行（BIS）

通貨の相対的な強さを表す

　為替取引では、ある通貨を売買する場合、「ドル買い／円売り」や「ドル売り／円買い」というように、必ず相手通貨を選ぶ必要があります。

　既に買い通貨は決まったけれど、相手通貨を選ぶのが難しい――そんな時に、**どの通貨が一番強いのか／弱いのか、通貨の強弱を知る唯一のツール**が実効為替レートです（図表11）。ＦＸでも次の用途に利用できます。

・新規ポジションを考える時に利用できる。

・利食いのタイミングも計れる。利を伸ばすことができる。

・自分の思い込み（例：ドル高やドル安のはずだ！）をチェックできる。

・実効為替レートの変動幅を見て、中央銀行の金融政策変更を事前予想できる（上級）。

実効為替レートは政策金利にも影響

　現在もそうなのかは不明ですが、私がロンドンの銀行で働いていた当時、イングランド銀行には「実効為替レートの法則」というものがあり、通貨の変動幅に「4対1」という暗黙の計算式があることを知りました。

　どういうことかと言うと、例えばポンドが実効為替レートベースで1％強くなった場合は、その4分の1である0.25％の政策金利引き上げと同じ効

果が出てくるというものでした。その逆も同じで、通貨が実効為替レートベースで4％安くなれば、1％の利下げと同じ効果があるというものです。

ポンドの変動幅が大きい時にBOEの金融政策委員会が開催されると、銀行のディーリング・ルーム所属のエコノミストから、「ポンドの実効為替レートがこの1ヵ月で4％強くなっている。本日のBOEの金融政策委員会は、25bpsの利上げがコンセンサスとなっているが、実効為替レートによる引き締め具合を考慮して、据え置きとなる可能性もゼロではないので、注意するように！」というようなアナウンスがありました。

最初の頃は、何のことかさっぱりわからず、エコノミストに説明を聞きに行ったことを覚えています。

実効為替レートで見る通貨の割高・割安

私は次節で後述するファンダメンタルズの「通貨の天秤」を用いて、2022年の基本的な取引として「ユーロ売り／ポンド買い」と判断したのですが、それには実効為替レートも大きく影響していました。

次ページの図表12と13は、ECBとBOEが公表しているユーロとポンドそれぞれの実効為替レートです。わかりやすいように、2022年の部分にハイライトを入れました。

ユーロの実効為替レートは、かなりの高値圏での推移となっていますね。それに対し、ポンドは安値圏での取引となっているのがわかります。もちろん高値圏であってもさらに上昇、安値圏であってもさらに下落することは十分にあり得ます。しかし、ユーロについては、2020年のユーロ高口先介入のレベルとほぼ同じくらいで推移中ですので、高すぎるという解釈もアリかな？と思いました。

ポンドに関しては、75〜80くらいのレベルでは「売られすぎ」と自分で勝手に解釈しているので、ファンダメンタルズがメタメタにならない限り、買いで攻めてもいけそうだと、考えました。

高値圏のユーロと安値圏のポンドですので、こういった局面では「ユーロ売り／ポンド買い」で決定です。

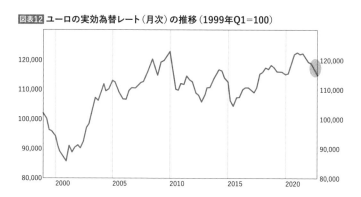

図表12 ユーロの実効為替レート（月次）の推移（1999年Q1＝100）

出所：ECB

図表13 ポンドの実効為替レート（月次）の推移（2005年1月＝100）

出所：BOE

⦿**BISの実効為替レートのページ**
https://www.bis.org/statistics/eer.htm

4-08 通貨の天秤で買い売りを判断する

　私は自分が取引する通貨に対して、「通貨の天秤」というものを毎年作成しています。「**金融政策・経済・政治・財政**」の4つを分析し、「**買い材料・ニュートラル・売り材料**」に分類して天秤に乗せ、総合的に方向性を測る作業です。

　比較的簡単に作業が進む年もあれば、ああでもないこうでもないと考えがまとまらず、なかなか天秤が作成できない年もあります。迷いが生じる時は、ほぼ例外なく「織り込み済み」の部分のウェイトが測れずに、悶々とすることが多いように感じます。

2023年6月末の相場観

　通貨の天秤に入る前に、2023年6月末のマーケット・コンセンサスを紹介します。この年は、ズバリ「**金融政策の方向性の違い**」に注目していました。引き締め国の通貨を買って、据え置き／緩和継続国の通貨を売る、という実にわかりやすい相場観となっていました（図表14）。

図表14 主要国の金融政策の位置づけ（2023年6月末）

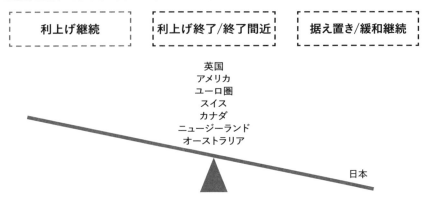

通貨の天秤「米ドル」の作成例

　私はクリスマスが終ってから年初の三が日までに、ドル・ポンド・ユーロの通貨の天秤を作成します。そして、大体5〜6ヵ月が過ぎた頃、もう一度見直しして、必要と感じれば修正します。5〜6ヵ月後の根拠は、ほとんどの国の「第1四半期GDP」が出揃うことに加え、BOEは5月、FRBとECBは6月にマクロ経済予想を発表するので、年前半の振り返りをし、後半の予想立て直しができるからです。図表15〜20は、2023年初頭に作成した天秤と6月末に修正した天秤の例です。

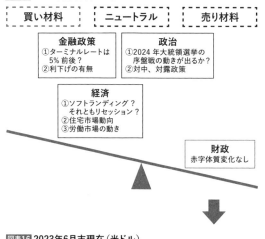

図表15 2023年初頭（米ドル）

金融政策	全面的に買い マイナス要因は株価調整リスク
経済	それなりに買い
政治	やや売り 中間選挙リスクは無視できず
財政	かなり売り
総合	「買い」判断

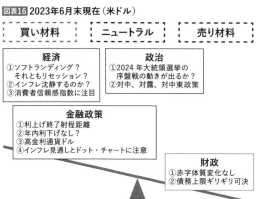

図表16 2023年6月末現在（米ドル）

金融政策	買い 年内利下げなし変わらず
経済	買い 雇用（特に賃金）が強い
政治	やや売り 中間選挙は無視できず
財政	かなり売り
総合	買い

通貨の天秤「ユーロ」の作成例

図表17 2023年初頭（ユーロ）

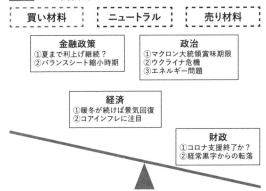

金融政策	買い 利上げ継続期待
経済	やや買い 暖冬となれば復活 のチャンス
政治	やや売り フランス解散総選 挙の有無には要注 意
財政	売り 財政支援終了とな る予感
総合	**ニュートラル**

図表18 2023年6月末現在（ユーロ）

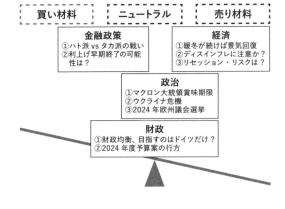

金融政策	やや買い 夏には利上げ一段 落か？
経済	売り ドイツがリセッシ ョン入り
政治	ニュートラル マクロン大統領生 き延びられるか？
財政	ニュートラル
総合	**ニュートラル**

通貨の天秤「ポンド」の作成例

図表19 2023年初頭（ポンド）

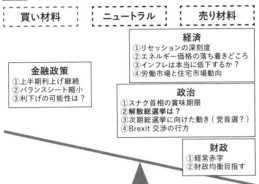

買い材料　｜　ニュートラル　｜　売り材料

経済
①リセッションの深刻度
②エネルギー価格の落ち着きどころ
③インフレは本当に低下するか？
④労働市場と住宅市場動向

金融政策
①上半期利上げ継続
②バランスシート縮小
③利下げの可能性は？

政治
①スナク首相の賞味期限
②解散総選挙は？
③次期総選挙に向けた動き（党首選？）
④Brexit 交渉の行方

財政
①経常赤字
②財政均衡目指す

金融政策	**買い** マイナス要因は株価調整リスク
経済	**やや売り** エネルギー価格高騰は痛い。年央以降、景気のスローダウンリスクあり
政治	**ニュートラル** 保守党80議席は政策運営に有利。首相交代リスクやBrexit交渉はマイナスなので相殺してニュートラル
財政	**常に売り材料** G7で最もひどい財政政策の落第生
総合	**ニュートラルないしやや売り**

図表20 2023年6月末現在（ポンド）

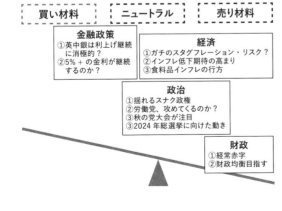

買い材料　｜　ニュートラル　｜　売り材料

金融政策
①英中銀は利上げ継続に消極的？
②5％＋の金利が継続するのか？

経済
①ガチのスタグフレーション・リスク？
②インフレ低下期待の高まり
③食料品インフレの行方

政治
①揺れるスナク政権
②労働党、攻めてくるのか？
③秋の党大会が注目
③2024 年総選挙に向けた動き

財政
①経常赤字
②財政均衡目指す

金融政策	**買い** 高金利通貨となる可能性
経済	**やや売り** インフレ鎮静に四苦八苦
政治	ニュートラル
財政	売り
総合	**やや売り**

通貨の天秤を使ってのポジション

　年初の天秤からは、ドルが「買い」、ユーロは「ニュートラル」、ポンド
が「ニュートラルないしやや売り」でした。

　この3つの判断を組み合わせて、取引をしますので、結果としては、**①
ユーロ売り／ドル買い。②ポンド売り／ドル買い。③ユーロ売り／ポンド
買いの3つ**です。円は年初、全くイメージがなく手を出しませんでした。

第 5 章

通貨ペア毎の注意点と
戦略ポイント

Investment Strategy

5-01 取引する通貨ペアを どうやって選ぶか

　皆さんは、どのように取引通貨を選んでいますでしょうか？

　私は「自分で旅行した国の通貨」を取引対象にすると決めています。その中には、相性があまり良くない通貨や新興国のように流動性に問題がある通貨もありますが、そういった通貨は無理に取引しません。

　その結果、日常的に取引する通貨は米ドル・ポンド・ユーロ・スイスがメインで、後は本当に自信がある時に限り、円をやる程度です。

〔チェックポイント①〕通貨の天秤で検討

　通貨を決める時には、第4章の4-8で紹介した「通貨の天秤」を使って検討しています。ただしパンデミック以降、各国の経済・財政・金融政策がバラバラなので、自分が作った天秤に「プラスα」をつけ加えています。

　毎年、年初に作成した天秤を5 〜 6月に見直して、それより早い時期にマーケットのコンセンサスや旬のテーマが変わった時は、**天秤の作り直し**をします。

　私は基本的に長期取引をメインとしていますが、たまに自信がある時だけデイトレも試します。こういう時はポジションを保有する時間が数時間程度ですので、天秤とはちょっと違うポジションになりますが、そのあたりは柔軟に対応しています。

〔チェックポイント②〕実効為替レートを見る

　ＦＸ取引で、ドル円がどんどんドル高円安になっているのに、クロス円はさっぱり円安にならない…そんな経験をされたことはないでしょうか。

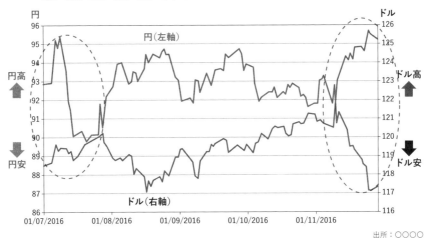

出所：○○○○

　ＦＸを初めて何年も経っているような経験者でも、**ドル円が上がるということは、①ドル高、②円安、③両方の組み合わせの3通りがある**ことに気づいていない方もおられます。

　まず最初に、上のドル円の日足チャートをご覧ください。どちらも「ドル高円安」となっています。その下に並べたチャートがドルと円それぞれの実効為替レートです（図表1）。

　左側の丸は、青いライン（円）が大きく下げていますが、グレーのライン（ドル）はあまり動いていません。つまり、この時のドル高円安は、「円

安による」動きでした。

　それに対し、右側の丸は、青いライン（円）が急落、グレーのライン（ドル）は急上昇と、どちらも大きく動いています。つまり、「**ドル高と円安の両方同時進行**」による動きでした。

　マーケットでは「ドル高円安」の一言で片付けてしまいがちですが、このような値動きの原動力の違いを知ると、ポジションを取る時に役に立ちます。第2節以降で具体的に解説します。

> ## ドル高相場とわかった時の戦術

　同時に、ユーロやポンドでドル買いを仕掛けることができます。

> ## 円安相場とわかった時の戦術

　同時に、複数のクロス円で円売りのポジションを建てることもできます。

> ## ドル高と円安の同時進行とわかった時の戦術

　ドル高だけ、円安だけの時と違い、値動きに力がありトレンドが継続する可能性が高いため、**ドル円に絞りポジション量を増やす**ことができます。

　このように実効為替レートを調べるひと手間をかけることで、自分がこれまで考えもしなかったポジションを持つことができ、取引における可能性や収益性が高まります

> ## 実効為替レートはどこを見ればいい？

　日本でなかなか実効為替レートが浸透しない理由の1つに、日本銀行がレートを発表していないことがあります。米英欧では自国通貨の実効為替レートを中央銀行が毎日公表しますが、日銀は**国際決済銀行（BIS）**が発表している世界各国別の実効為替レートをパクっているだけです（図表2）。

　BISのホームページでは、すべての通貨の実効為替レートが見られますので便利です（実効為替レートについて、詳しくは146ページ参照）。

　個別通貨としては、ドルなら米FRB、ユーロは欧州ECB、ポンドは英BOEのホームページでも見られますので参考にしてください。

出所：BIS (https://www.bis.org/statistics/eer.htm)

〔チェックポイント③〕高いスワップ金利には要注意

　日本の皆さんはとかく「**スワップポイント**」を気にする方が多いようですが、金利が高いということは、何か必ず高い金利を提供しなければならない理由があります。悪い財政事情、低格付け、不人気など、何かしら自慢できない理由がある場合がほとんどでしょう。

　時として後ろめたい理由を抱えた高金利通貨は、主要通貨と比較すると取引高が小さく、流動性が極端に低下すれば損切りもできなくなります。流動性が回復した場合でも、損切りでレートがすべり、自分の注文レートとかけ離れたレベルでの約定もあり得ます。スワップで稼いだ分以上の為替損失が出るかもしれないリスクが特徴かもしれません。

＞主要通貨のスワップ金利は魅力的になりつつある

　しかし、新興国通貨でなくとも、日本を除く主要通貨の金利はインフレ対策の利上げにより上昇しています。2023年7月現在、マイナス金利の日本に対し米国の政策金利は5.5％で、**ドル円の買い持ちで得られるスワップポイントは十分に高くなっており、かつてのような円キャリートレードも可能な水準**となりつつあります（図表3）。

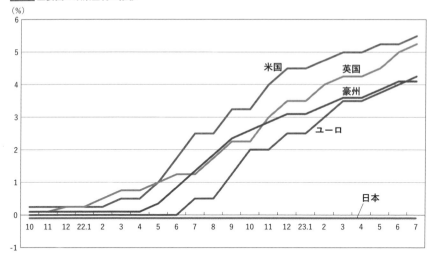

図表3 主要国の政策金利の推移

（%）

米国　英国　豪州　ユーロ　日本

10　11　12　22.1　2　3　4　5　6　7　8　9　10　11　12　23.1　2　3　4　5　6　7

　株や他の取引対象でもそうですが、いつでも取引したい時にできる流
動性は大変重要です。為替でも流動性が低い通貨ペアの場合は、次のよう
な問題が生じる恐れがあります。

・流動性が低い＝取引高が小さい＝板が薄い
・損切り注文の約定が難しい
・何か問題が起これば、ボラティリティが高まり玉の奪い合いになる
・流動性が低いマイナー通貨は為替手数料が高い
・ボラティリティが高まれば、これまでスワップ金利で「貯金した収
　益」以上の損失が出ることもある

　世界という視点で見た場合、ドルとユーロの流動性は高く、**ユーロドル
は世界で最も取引されています**。手数料も安い上にマーケット（板）が厚
く、損切りがすべるリスクは限定されます。

　日本人に人気のポンド円は、ユーロほどマーケットに厚みはないため
値が飛ぶことがあり、方向性が合えば大きな利益になりますが、慣れるま
で自分の資金が持たないリスクもあります（図表4）。ポジションのサイズ
にはとにかく注意してください。

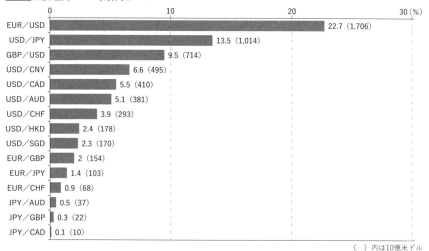

図表4 主要通貨ペアの取引高とシェア

通貨ペア	シェア（取引高）
EUR／USD	22.7 (1,706)
USD／JPY	13.5 (1,014)
GBP／USD	9.5 (714)
USD／CNY	6.6 (495)
USD／CAD	5.5 (410)
USD／AUD	5.1 (381)
USD／CHF	3.9 (293)
USD／HKD	2.4 (178)
USD／SGD	2.3 (170)
EUR／GBP	2 (154)
EUR／JPY	1.4 (103)
EUR／CHF	0.9 (68)
JPY／AUD	0.5 (37)
JPY／GBP	0.3 (22)
JPY／CAD	0.1 (10)

（　）内は10億米ドル

出所：Triennial Central Bank Survey(BIS、2022.4)

　豪ドル（AUD）も日本と取引時間が重なるので、日本では人気があります。豪ドル取引の際に忘れてはならないことは、資源国通貨であること、中国との相関性が高いことなどから、多岐に渡る情報が必要となる点でしょう。

　つまり、豪ドルを取引する場合は、豪州準備銀行（RBA）の金融政策や政治、経済に加え、鉄鉱石や天然ガスといった**商品市場の動向**も同時に把握しないと、思わぬ値動きに巻き込まれるリスクがあるということです。

外貨同士のペアにも挑戦してみよう

　日本の個人投資家は、どういうわけか日本の「円」を取引したがります。海外ではこういう傾向は特に見当たりません。ＦＸ情報はどうしても英語がメインになりますが、円は日本語で情報が入手できるので、どうしても日本人の間ではドル円やクロス円が好まれるのでしょう。しかし図表4を見てもわかるように、クロス円で取引高10位以内に入っているのはドル円だけで、クロス円は決して世界ではメジャーではないのです。

　ただ、最終的にはあまり無理はせず、とにかく自分が心地良いと感じる通貨を選んで欲しいと思います。

5-02 ドル円（USD/JPY）の 注意点と戦略ポイント

第5章では主要な通貨ペアについて、特徴や注意点と取引する際の戦略ポイントについて見ていきます。

ドル円の過去の値動きと月間変動幅

図表5の**月間変動幅**とは、2001年から2022年までの各月のドル円の高値から安値を引いたものです。単位はpipsになります。図表6は、2008年9月の世界金融危機からのドル円の動きです。

> **アノマリーを探す**

ドル円は1〜12月の各月のうち、過去22年間中で半数となる11回かそれ以上同じ方向に動いた月は、4回でした。

3月　＝　ドル高／円安（22年間中、11回）
6月　＝　ドル高／円安（22年間中、11回）
7月　＝　ドル安／円高（22年間中、11回）

図表5 2001年〜2022年のドル円の月間変動幅（単位：pips）

	2001	2002	2003	2004	2005	2006	2007	2008	2009	2010	2011	2012
	もみ合い	下落	もみ合い後下落	もみ合い	上昇	もみ合い	もみ合い後下落	上昇後下落	下落	下落	もみ合い	もみ合い後上昇
1月	640	480	320	290	360	440	420	690	750	470	270	210
2月	380	320	500	470	350	370	460	490	1010	360	290	560
3月	940	750	560	900	410	370	370	840	610	550	690	360
4月	600	620	360	760	430	520	240	530	580	310	450	360
5月	560	630	460	660	440	520	290	330	580	680	270	240
6月	680	760	310	500	450	540	340	470	450	460	180	300
7月	350	530	400	500	390	450	570	460	530	320	480	220
8月	680	510	460	340	380	350	820	340	520	330	430	170
9月	640	740	770	280	490	270	390	560	520	300	180	210
10月	410	400	370	570	370	330	470	1560	430	380	400	260
11月	490	410	400	520	350	320	870	700	650	410	240	380
12月	890	750	330	440	590	480	510	840	700	360	130	500

図表6 リーマン・ショックからのドル円の推移

2022年12月
日銀、YCC変動幅拡大

▼USDJPY,Monthly
ドル／円　月足

2022年3月
アメリカ利上げ開始

2015年6月＋8月
チャイナ・ショック

2019年9月
QE4 スタート

2008年9月
リーマン・ショック

2016年11月
米大統領選

11月
QE1 スタート

2012年9月
QE3 スタート

128.068

2011年3月
東日本大震災

2016年6月
Brexit国民投票

2021年10月
岸田内閣誕生

2012年12月
安倍内閣誕生

2019年1月
フラッシュ・クラッシュ

2010年11月
QE2 スタート

2016年2月
日銀
マイナス金利導入

2020年8月
菅内閣誕生

150.600
144.330
137.870
131.600
125.410
118.680
112.410
105.950
99.680
93.220
86.950
80.490
74.220

1 Dec 2007　1 Apr 2009　1 Aug 2010　1 Dec 2011　1 Apr 2013　1 Aug 2014　1 Dec 2015　1 Apr 2017　1 Aug 2018　1 Dec 2019　1 Apr 2021　1 Aug 2022

8月　＝　ドル安／円高（22年間中、11回）

2013	2014	2015	2016	2017	2018	2019	2020	2021	2022
上昇	上昇	もみ合い	下落後上昇	もみ合い	上昇	横ばい	下落	上昇	急騰後下落
500	370	490	570	650	510	521	264	235	288
370	210	360	1050	335	493	277	472	228	218
430	260	370	390	540	268	243	1053	460	1046
740	280	235	630	365	389	159	302	337	963
670	220	560	590	410	328	342	210	186	499
690	160	390	1185	410	220	202	378	193	836
400	200	415	750	430	288	179	398	260	689
410	280	910	400	280	238	487	195	208	869
310	570	270	420	590	333	274	256	297	700
240	730	345	430	275	317	280	208	388	842
500	640	350	1330	390	191	178	250	299	1133
380	630	365	580	230	419	131	187	265	761

有名なお盆効果で知られる「8月は円高」ですが、22年間のうち半分だけで、「圧倒的」な数字ではなかったことに改めて驚きました。

22年間で10回同じ方向に動いた月をチェックすると、年後半に集中していました。

9月、10月、11月　＝　ドル高／円安
12月　＝　ドル安／円高

どうして年後半になると、ドル円がある程度の確率で同じ方向に動きやすくなるのか、うまく説明はできませんが、○○危機といった極端な株価変動が起こる確率が高いため、為替も影響を受けやすいのかもしれません。3月に関しては日本の年度末のため、輸出大国（もはや過去？）だった日本が円安方向で3月31日を迎えれば、日経平均株価にとって好材料となるからです。

ドル円取引で注意すること

ドル円について、要点を絞って解説します。

＞①避難通貨としての「円」

有事の際に安全通貨として買われやすいのは、スイスフランと円が有名です。スイスフランは、スイスが永世中立国だということが大きく影響しています。円は、例えば欧州や中東で地政学リスクが発生した時に、日本は該当地域から離れていることが多く、悪い影響や打撃を受けにくい地の利が好感されているという見方もあります。

2021年、あるOnlineセミナーで、「松崎さんは今でも、円は避難通貨だと思いますか?」という質問を受け、私は次のようにお答えしました。

「円が避難通貨であるかを考えるには、**リスク・オン／オフ**が重要で、避難通貨が必要となるのは、リスク・オフ相場の時です。まずリスク・オンでは、市場参加者は積極的にリスクを取りにいくので、普段は手にしない新興国通貨などの高金利通貨を購入し、低金利の円を売る「キャリー取

引」が行われます。商品も買われます。しかしリスク・オフになると、キャリー取引は一旦益出し目的の利食い売りが出る。つまり、今まで売られていた低金利の円が買われ、結果として円高になるという意味です。これが「円は避難通貨」と言われた動きの根本的な理由の1つだと私は捉えています。つまり、**元祖：避難通貨のスイスフランとは、少しだけ意味合いが違うのかもしれませんが、今でも円は避難通貨という考えは捨てていません。**」

　しかし翌2022年のロシアが仕掛けたウクライナ侵攻の時は、円が買われませんでした。諸外国との金利差による日本売りで円は買えない等、いろいろ説明はありましたが、事実として「避難通貨としての円」は役に立たず、避難通貨としての円の地位がぐらついた瞬間だったのかもしれません。

＞②調達通貨になりがちな円

　他国と比較してインフレになりにくい日本ならではの動きですが、超低金利政策が長期化しているため、金利がつかない円を売り、金利がつく他の通貨を買う「キャリー取引」が一世を風靡した時代があります。2022年以降、各国の利上げで円との金利差が広がった現在もそうです。

　2014年にECBはマイナス金利を導入したため、2022年のウクライナ侵攻後に利上げに動くまでは、円だけでなくユーロも調達通貨でした。

＞③自国通貨安をあまり気にしない不思議な介入常習国

　私も20代までは日本在住で、円安信仰が強い国だと理解しています。渡英して英国の銀行で働いた時、強い国は強い通貨を求めると知り、目からウロコでした。このことを日本の友達に話したところ、「イギリスは日本のような貿易大国ではないからだよ。」という答えが返ってきましたが、同じ貿易大国であるドイツが為替介入などを通して自国通貨安政策を誘導する行為を見たことがありません。

　過去の日銀の為替介入はとにかく執拗でした。そこで2010年のG20サミットでは、「保護主義のすべての形を避けるとともに、短期的な競争上の利益を得る目的で為替変動に関与することを避ける」という取り決めが行

われました。これは日本と中国を念頭に置いての決定と言われており、**以来日本も為替市場での実弾介入がやりにくくなった**のです。

　通常、日銀が介入する時は、円高是正目的のドル買い／円売りがメインです。しかし2022年にドル高円安の動きが過激になった際には、スピード感が強すぎる過度の動きをけん制するため、日銀はドル売り／円買い介入に踏み切ったのです。

　一言に介入と言っても、ドル買い介入の時は自国通貨をどんどん刷って外貨を購入すれば良いので、ある意味「無制限」な介入が可能です。しかし、ドル売りの場合は自国が保有する外貨準備の外貨を使って自国通貨を購入するので、介入には「限界」があります。

　2022年にドル円上昇が止まらず日銀介入の噂が出たタイミングで鈴木財務相が渡米し、イエレン財務長官と会談しました。この時も、日本がドル売り／円買い介入をした時にドル不足になっては困るので、アメリカにドルを融通してもらうことをお願いしたという噂が立っていました。

　そして9月22日、とうとう政府・日銀は、1998年6月以来24年ぶりに、**ドル売り／円買いの為替介入に踏み切った**のです。為替介入自体も、東日本大震災後の2011年11月以来のことでした。

図表7 **2022年秋の為替介入の実施日と規模**

実施日	金額	売買通貨
2022.9.22	2兆8382億円	ドル売り・円買い
2022.10.21	5兆6202億円	ドル売り・円買い
2022.10.24	7296億円	ドル売り・円買い

　以上のように、**未だに「介入」があり得る**ということも忘れてはならないでしょう。

マーケットの正常機能を歪めるYCC

　過去の緩和策導入の過程では、日本と豪州だけが**イールドカーブ・コン**

トロール（**YCC**）という政策を導入しました（89ページ参照）。これはイールドカーブの水準を乱さないよう、国債利回り（長期金利）の上限を設置し、それを超えそうになると中央銀行が自国の国債を購入するというものです。これを「**指値オペ**」と呼んでいます。

　短期金利である政策金利の決定権は、昔から中央銀行が受け持っています。それに対し、長期金利は市場の人気投票のようなものであり、マーケットが決定してきました。その領域に中央銀行が土足で入り込み、好きなようにコントロールすることは、思い上がりがすぎてマーケットに対する冒涜だと私は考えています。

　案の定、豪州はどれだけ中銀（RBA）が頑張っても長期金利上昇を止められず、2021年11月の理事会でYCC撤廃を発表しました。私は撤廃の事態に追い込まれた豪州中銀が気の毒だとは思わず、むしろ金融市場が正常に機能しているからこそ、撤廃せざるを得なかったのだと結論づけました。

　その後も日銀は相変わらず巨額の指値オペを継続し、特に2022年3月末には「無制限連続指値オペ」というアクロバット的な政策を発表。同時期に米国は、利上げ幅を0.5％にするか0.75％にするか、アグレッシブな利上げについて検討したため、**政策内容の乖離がドル高を加速させ、円安が勢いを増してきた**のです。

パンドラの箱を開けてしまった日銀

　2022年12月20日、日銀が何の前触れもなくYCC変動幅を±0.25％から±0.50％への拡大を発表。市場参加者が度肝を抜かれた変更でした。

　米英欧の中央銀行は、マーケットのかく乱要因となる金融政策の変更時には、前もって**フォワードガイダンス***を通じて市場との会話を続けていきます。市場安定の番人でもある中央銀行にとって、当然のことでしょう。

　しかし日銀の場合は全く違いました。このコミュニケーション不足の態度については、国際通貨基金（IMF）も苦言を呈しています。

＊フォワードガイダンス
　中央銀行が将来の金利水準に対する市場の期待に影響を与えるために、金融政策においてその力を行使するために使用するツール。政策金利など金融政策を変更する際の条件や判断基準について、声明などを通じてあらかじめ公表することで、市場を誘導し、政策効果を高めることが目的。

2022年に入ると、海外のファンド勢は全く動かない日銀への催促相場を展開し、YCC対象外の10年物国債より長期の国債を売り浴びせました。

そしてとうとう日銀がYCC変動幅拡大に動いたことで、彼らは手つかずとなっていた10年物より短い期間の国債にまで及んできたのです（図表8の青いハイライト部分）。

図表8 長期国債の利回りの推移

出所：財務省

日銀の車線変更は2024年以降か？

日銀の±0.25％から±0.5％へのYCC拡大で大きくマーケットは動きました。さらに2023年7月28日には、YCCの柔軟化を発表したのです（247ページ参照）。しかし冷静に考えると、日銀はまだ一般道から高速道に乗るところです。マイナス金利政策を解除し利上げに動く時が「初めての車線変更」だと思います。

米英欧の中銀は5車線の高速道路で、何度も外側へ外側へと車線変更しています。もし日銀がマイナス金利を解除したとしても、下手をすると内側車線をずっと走り続けることになるのかもしれません。そうこうしてい

るうちに、米国や英国は、早くも外側車線から内側への車線変更に切り替える時期を探る動きになるでしょう。

　その意味では、いま日本がどの車線にいるのか？米国や英国などが、いつどういうスピード感を持って外側車線から内側へ内側へと方向を変えてくるのか？ここをきちんと押さえれば、ドル円やクロス円の取引がやりやすくなるでしょう。

　岸田総理は2023年の年頭記者会見で、①経済対策の目玉としてのインフレ率以上の賃上げ、②異次元の少子化対策を発表しました。私には日本ことがよくわからないので日本在住の元ディーラー仲間に聞いたところ、①については経産省を軸とする官僚がお膳立てをするらしいという答えが返ってきました。岸田政権の賞味期限も私にはわかりませんが、インフレ率以上の賃上げ実施についても、徐々に外枠が埋まってきた感じがします。
　そうなると日本のインフレ率は下がるどころか、これから2次的影響を吸収する形でさらに上がります。**結果的にはますますマイナス金利政策との整合性がつかなくなるリスクが出てくるので、やはり植田体制では大きな決断を迫られる**と思います。

　こういうことを頭に入れてドル円の動きを考えると、短期的には日銀

が高速道路の車線変更に入るまでは少なくとも円高圧力が効いてくる。その後主要国と日本の金利差が縮小するでしょうが、どうあがいても「海外の金利＞日銀の金利」の関係は崩れません。

その意味からも、YCC拡大以降の円高相場が永遠に続くとはまだ想定しておらず、ドル円がいい水準まで下がれば、長期的には金利差による円売りが復活してくると思います。

ポスト黒田時代の日銀の次の一手を、市場はどこまで織り込んだのか？「織り込み済み」については第4章でも書きましたが、最近のマーケットは先読みだけでは物足りず、先の先、あるいはそのまた先まで織り込んでしまうため、そのあたりのチューニングをしっかりしないと取り残されます。

海外のトレーダーの間では、日本では予想もしないようなコンセンサスや流れが勝手にできあがることもあるので、ドル円は日本語のニュースのみで動くという考え方は、改めた方が賢明です。

最後になりますが、私は2023年のドル円予想を127〜152円としています。一瞬オーバーシュートで155円くらいまではあるかもしれません。円高については、9.11テロのような大惨事や台湾侵攻でも起きない限り、ドラスティックな絶叫円高相場になる気はしません。

植田体制でいずれ遠くないうちにマイナス金利廃止、YCC撤廃となったとしても、その後に日本はグングン利上げに動けないというコンセンサスができあがるでしょう。

それまでの円安効果による「悪いインフレ上昇」を嫌気して、さらに円が売られるという「日本売り」には気をつけたいと思います。

　「リスク・オン／リスク・オフ」という表現は、比較的新しい概念です。私が銀行のディーリング・ルームで働いていた当時には、この表現はありませんでした。いつから使われるようになったかは、はっきり覚えてはいませんが、私はなるべくこの表現を使わないようにしています。

　特に最近は、私達が知っている「リスク・オン／オフ」とは違う動きが出てくることが多く、マーケットそのものが変わってきているのでしょう。そういうこともあり、中途半端にリスク・オン／オフと決めつけてしまうと、思わぬケガをしやすいということも忘れないようにしたいですね。

　一般的に「リスク・オン／オフ」は、次のように説明できます。

リスク・オン

　市場の不安定要素が解消されたり、発表された経済指標が良好で景気の先行きに楽観論が出ると、投資家がリスク投資に積極的になる　➡　株買い、投機色が強い商品（コモディティ）買いが好まれる　➡　安全資産である国債は売られる傾向がある（国債利回り上昇）　➡　通貨では資源通貨代表の豪ドル、NZドルやカナダドル、ノルウェークローネ、そして新興国通貨などが買われやすい　➡　金利水準が低い調達通貨（ファンディング通貨）として扱われていた円や、世界の基軸通貨であるドルが売られやすい　➡　「有事のスイスフラン」の人気もガタ落ち。

リスク・オフ

　リスク・オンの反対の動き。どれか1つのリスク資産の価値が下がると、連鎖的に他のリスク資産を売却する動きが出る　➡　相対的に安全と思われる資産に資金を移す動きが起こる　➡　資金は株から安全資産である国債へ移動（国債利回り低下）　➡　リスク・オンで買われていた通貨は下がりやすく、調達通貨として売られていた円や、ドルの買い戻しが入りやすい　➡　「避難通貨の王様であるスイスフラン」と金が最も買われやすい。

　しかし、英国の2016年の「Brexit国民投票」では、Brexit決定という予想外の大サプライズで「リスク・オフ」なのに、スイスフランが買われなかったという例もありました。

5-03 ポンドドル（GBP/USD）の注意点と戦略ポイント

値動きが突然で激しいことでよく知られる英ポンド。特にトレンドができる時は、「遅いかな？」というタイミングで入っても、十分に利益が取れるありがたい通貨でもあります。

ポンドドルの過去の値動きと月間変動幅

図表9は、2001年から2022年までの**月間変動幅**（162ページ参照）です。図表10は、2008年9月の世界金融危機からのポンドドルの動きです。

＞アノマリーを探す

ポンドドルの2001年から2022年までの各月の動きを調べてみると、22年間の半数となる11回かそれ以上同じ方向に動いた月は、以下の通りでした。

4月　＝　ポンド高／ドル安（22年中、16回）

8月　＝　ポンド安／ドル高（22年中、14回）

9月　＝　ポンド高とポンド安（22年中、11回ずつ）

10月　＝　ポンド高／ドル安（22年中、11回）

図表9 2001年〜2022年のポンドドルの月間変動幅（単位：pips）

	2001	2002	2003	2004	2005	2006	2007	2008	2009	2010	2011	2012
	もみ合い	上昇	上昇	もみ合い	下げ	上げ	上げ	急落	最初上げもみ合い	最初上げ次に上げ	最初下げもみ合い	もみ合い
1月	650	520	670	780	640	680	650	620	1870	560	650	560
2月	530	310	840	1010	760	530	350	610	930	920	320	350
3月	620	240	620	840	740	390	540	680	1120	600	460	430
4月	370	390	580	1030	550	1000	540	450	800	400	770	500
5月	380	240	650	950	980	820	400	550	1450	1100	680	890
6月	550	850	670	480	540	790	460	560	940	780	580	510
7月	430	720	970	690	650	510	600	510	750	850	690	380
8月	510	570	580	620	640	520	810	1670	890	670	510	420
9月	390	460	1160	460	930	480	590	1220	970	630	930	480
10月	650	360	550	710	510	580	580	2610	990	460	900	300
11月	650	560	680	840	740	860	810	1840	620	810	710	350
12月	480	690	780	540	680	410	920	1370	890	570	410	300

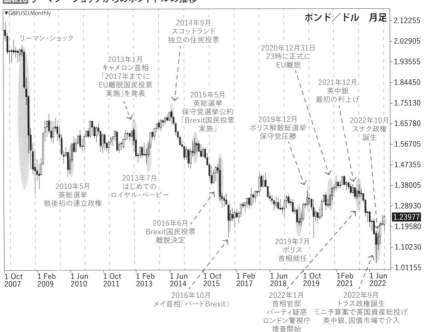

図表10 リーマン・ショックからのポンドドルの推移

▼GBPUSD,Monthly

ポンド／ドル　月足

リーマン・ショック

2014年9月
スコットランド
独立の住民投票

2013年1月
キャメロン首相
「2017年までに
EU離脱国民投票
実施」を発表

2015年5月
英総選挙
保守党選挙公約
「Brexit国民投票
実施」

2020年12月31日
23時に正式に
EU離脱

2021年12月
英中銀
最初の利上げ

2019年12月
ボリス解散総選挙
保守党圧勝

2022年10月
スナク政権
誕生

2010年5月
英総選挙
戦後初の連立政権

2013年7月
はじめての
ロイヤル・ベビー

2016年6月
Brexit国民投票
離脱決定

2019年7月
ボリス
首相就任

2016年10月
メイ首相「ハードBrexit」

2022年1月
首相官邸
パーティ疑惑
ロンドン警視庁
捜査開始

2022年9月
トラス政権誕生
ミニ予算案で英国資産総投げ
英中銀、国債市場で介入

2013	2014	2015	2016	2017	2018	2019	2020	2021	2022
最初下げ 次に上げ	最初上げ 次に下げ	もみ合い	急落	上昇	下落	下落後 上昇	下落後 上昇	上昇後 下落	下落後 上昇
670	360	620	735	685	887	836	276	308	391
810	570	560	830	360	521	577	458	671	371
430	320	790	610	505	532	421	1790	347	437
530	350	925	665	600	664	331	482	340	756
600	300	725	435	280	568	617	525	433	511
590	420	760	1900	440	443	278	562	463	683
620	330	400	700	410	405	587	811	412	488
610	360	480	505	495	481	295	415	356	694
700	590	550	530	750	513	624	808	502	1432
370	380	400	1495	375	562	817	357	401	723
530	430	500	470	510	451	216	544	504	1009
360	300	505	570	245	362	619	552	390	455

9月はかなり悩ましい結果となりました。この月の取引では柔軟性を持って対処したいところです。

　ポンドの特徴としては、BOE金融政策委員会のうち、2・5・8・11月にはマクロ経済予想をまとめた**四半期金融政策報告書**（旧インフレ・レポート）が発表されます。**これらの会合では記者会見が実施されるため、金融政策の変更を行う確率が高く、どうしてもそれが値動きに反映され、動きが出やすくなります。**過去22年間の結果だけに限定すれば、2・5・11月には10回がポンド安ドル高となり、8月には14回ポンド安となっているのが、気になります。どういうわけか、すべてポンド安でした。

ロンドン時間の特徴

　ロンドン市場は、ウェリントン市場から始まる世界の為替取引時間の真ん中に位置することもあり、値が動く時間帯がいくつもあります（133ページ参照）。

＞英国の経済指標発表時間

　2020年のパンデミック危機以降、英統計局から発表される主要マクロ経済指標は、ロンドン時間午前7時（夏時間15時／冬時間16時）に前倒しされました。それ以外の指標は9時30分（夏時間17時30分／冬時間18時30分）がメインです。パンデミックが完全に落ち着けば、発表時間の変更があるかもしれませんので、注意が必要です。

　経済指標の発表時期の特徴としては、**ほとんどが毎月中旬に集中している**ことです。GDP、インフレ率、雇用関連など一斉に発表されますので、私などは旅行の予定を立てる際にも中旬は避けています。

ポンドドル取引で注意すること

＞①株の配当月

　株の配当が出るのは、4月と9月。企業によっては6月や12月のところもあります。こういう月には**ポンド高**になりやすい傾向があります。ただし、パンデミック以降、配当を中止している企業も多く、完全復活するまではあまり気にしなくても良いかもしれません。

②わけがわからずいきなり動き出す

皆さんも経験があると思いますが、ポンドがいきなり動くことがあります。英国に住んでいると事前に予想できる時もありますが、時によっては英国在住でも理解できず、右往左往したことが何度もありました。

③メジャー通貨の中で高いボラティリティ

通貨別取引高を見ても、ポンドドルはユーロドルの約4割しかありません（161ページ参照）。そのため、**経済指標や金利発表などで「想定外」の内容が出ると、マーケットは一斉に同じ方向に動いて玉の奪い合いになります。**新興国通貨並みとまでは言いませんが、ポンド取引をする時にはある程度のボラティリティは覚悟しなければなりません。日本の個人投資家はそのボラティリティが好きなので、ポンド円は人気があります。

ボラティリティが高いとは、動く値幅が大きいわけで、損切りにも注意が必要です。もし、ドル円取引で損切りは10pipsというルールがある人は、それと同じことをポンド取引に当てはめるわけにはいきません。ボラティリティが高ければ、損切り幅や損切りレベルの変更等を含めた「**ストラテジーそのものの変更**」が必要となるからです。損切り幅を拡大する選択をした場合は、ポジションのサイズを小さくするなどの選択も同時に行う必要が出てくるかもしれません。

絶対の正解などはありませんが、例えば海外のホリデーシーズンや年末など流動性が薄い時に、高いボラティリティの通貨を取引する際には、資金管理次第で損益が大きく変わることを忘れないでください。

④長期金利上昇の弊害

2022年3月末に英国政府が予算案を発表した時、あるエコノミストがこう書いているのを発見しました。

「a 1% rise in the BoE's Bank Rate, inflation, and longer-duration gilt yields would add around £25bln to the annual cost of servicing the UK's debt burden.

英中銀の政策金利・インフレ率・長期金利が1％上昇すると、財務省の債務利払い額は年間で250億ポンド増額する。」

な、な、なんと250億ポンド!!

教科書的には、普通の経済サイクルであれば、政策金利や長期金利が1％上昇しても、景気が回復し税収入も増えるので、債務の利払いが250億ポンド増えても問題ないというロジックでしょう。

しかし2022年の金利上昇は、2021年にインフレ率が上昇した時に中央銀行の対応が後手に回ってしまったことへの「ツケ」の部分が大きく、景気後退局面での債務利払い増額となり、英国は信用を一気に失いました。

⑤党大会の季節に注意

英国の秋は、党大会の季節。毎年9月中旬から1ヵ月間、各党が「ここから1年間の政策運営」について説明をします。もし党首交代の必要性がある場合は、党大会に先駆けて新党首の選出作業に入るので、**英国の秋は政治の季節**とも言えるでしょう。

古い例ですが、党大会と聞いて真っ先に頭に浮かぶのは、1984年10月12日、当時のサッチャー首相を狙った暗殺テロ未遂事件です。当時同首相が保守党大会のため宿泊しているホテルに、アイルランド共和国への統合を目指す北アイルランドのカトリック系武装集団IRA（アイルランド共和軍）がテロをしかけた事件でした。

与党の党首（首相）は党大会の演説を利用して、政策上の重大決定の発表をする傾向があります。最近の党大会で為替が大きく動いたのは、2016年です。**当時のメイ首相が保守党大会で初めて「ハードBrexit」構想を公にし、10月7日にはポンドが一気に急落しました（図表11）。**フラッシュクラッシュです。

また話が脱線しますが、米メリルリンチのロンドン支店に勤務当時、英国政治担当エコノミストが元保守党お抱えのエコノミストでした。彼は党大会会場で元同僚や財務大臣などとも話す間柄で、「ここだけの話」をブルームバーグ端末の自分のページに書き、今後起こると予測できる政

図表11 2016年保守党大会からのポンドドル下落

ポンド／米ドル・1日・FXCM

6/24 Brexit決定

7/13 メイ政権誕生

10/2 保守党大会初日

11/3 高等法院判決

10/7 ポンド フラッシュクラッシュ

チャート提供：TradingView(https://jp.tradingview.com)

治・財政・経済政策の道標を私達トレーダーに教えてくれました。情報が入る度にチーフ・ディーラーの机に全員集まってミニ会議をやり、お客様にどんな言葉とタイミングで情報を伝えるかを意見交換しました。

　私達ディーラーは、入手した情報をどういう形で活かすかを自分なりに判断しますが、ディーリング・ルームで働く世界各国から集まった同僚達の意見を聞くことは大変勉強になりました。同じ情報でも着眼点が違うというか、そういうことが勉強できたという意味でも、ロンドンのマーケットで働けたことは本当に幸せでした。

実際のポンドドル取引例

　自分の中で一番印象に残っているポンドの動きは、2022年5月5日の金融政策委員会（MPC）でした。この日の決定は、0.25％の利上げ。投票配分は6対3でした。

　BOEは政策金利決定時に9人の理事の投票配分を即時発表します。2022年2月の委員会では、5人が0.25％利上げ、4人が0.5％利上げとなり、ギリギリ多数決で0.25％利上げが決定。その次の3月では一転して、1人が驚きの据え置き票を入れ、8対1で0.25％利上げが決定。

　5月の委員会直前には第2四半期GDPがマイナス圏に突入するという噂が出たため、0.25％と0.5％の利上げ、3月に続き5月も据え置き票の3通り

の投票配分になるという予想が出ました。

　いざフタを開けると、6人が0.25％利上げ、3人が0.5％利上げとなっており、据え置き票が消えたのです。マーケットは「3人は0.5％利上げ票」という予想外に強気の結果に食いつくと思いきや、予想外にポンド売り一色となったのです（図表12）。

　この時のポンド売りの理由を考えると、次のようなものでした。

　①この時点で金利先物市場が織り込んでいた2022年末の金利水準に対し、ベイリー総裁は「マーケットはかなり多くの利上げを織り込んでいるが、そこまで金利は上がらないと思う。」と弱気の発言を記者会見でした。

　②3ヵ月に一度のマクロ経済予想では、その年のインフレ率を10.25％と予想し、翌年GDPを－0.25％とした。これは紛れもなくガチのスタグフレーション・リスクを意識した数字であり、マーケット参加者は震え上がった。

　③2年先の失業率予想が5％となった。2022年は労働市場の緩みも消滅し、かなりタイトな状況となっているのに5％予想ということは、23年以降相当の景気減速を覚悟しなければならない。

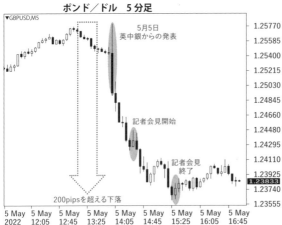

図表12 高インフレ下のMPCでポンドドル下落
ポンド／ドル　5分足

この時のポンドドルは、テクニカルを完全に無視したファンダメンタルズ要因での動きとなりました。この時のように**中銀からの発表内容以外の材料に食いつく動きがポンドには多い**ので、振り回されないようにしたいものです。当たれば収益が大きいが、外れると立ち直れないほど痛い思いをする通貨です。

　最後になりますが、私は2023年のポンドドルについては、実効為替レートが73 〜 75まで下がる局面で買うつもりでいます。その時のドルが強いのか弱いのかでレベルは変わりますが、あくまでも実効為替レートを基準にして動くつもりでいます。

ロンドンのBig Ben

5-04 ポンド円（GBP/JPY）の注意点と戦略ポイント

　日本の個人投資家の皆さんとお話しして驚くのは、ドル円が上昇すればポンド円も当然上昇すると考える方がまだおられることです。こういう考え方では、行き詰ることは目に見えています。

ポンド円の月間変動幅

　図表13は、2001年から2022年までの**月間変動幅**（162ページ参照）です。2001年から2022年までの各月のポンド円の動きを調べてみました。

4月	＝	ポンド高／円安（22年中、12回）
6月	＝	ポンド高／円安（22年中、12回）
8月	＝	ポンド安／円高（22年中、13回）
10月	＝	ポンド高／円安（22年中、11回）

　4月と10月のポンド高は、ポンドドルでも同じ結果が出ています。また

図表13 2001年〜2022年のポンド円の月間変動幅（単位：pips）

	2001	2002	2003	2004	2005	2006	2007	2008	2009	2010	2011	2012
	もみ合い上昇	もみ合い	もみ合い	もみ合い	もみ合い	上昇	上昇後下落	急落	上昇後下落	下落	下落	上昇
1月	890	560	905	790	780	860	1340	1750	2270	705	690	475
2月	620	480	1460	1440	760	960	820	805	1645	1060	460	1015
3月	1030	1040	600	1850	530	375	1240	1540	1360	1000	1290	690
4月	800	680	690	625	570	710	820	1200	1250	660	700	615
5月	1050	850	1115	1005	540	740	540	925	1270	1820	580	1060
6月	1190	570	700	1080	635	420	1025	995	910	600	620	705
7月	550	890	1275	840	640	710	1280	785	1320	670	600	460
8月	790	855	1120	915	360	2035	2475	1650	1300	910	750	440
9月	900	1100	770	890	480	635	680	1295	1350	740	850	490
10月	555	430	765	600	750	400	1040	5090	1350	655	1030	490
11月	530	690	840	715	475	555	2005	2565	1230	545	740	710
12月	1655	760	650	750	1200	820	900	1725	905	755	350	930

8月のポンド安円高は、ポンドドルでもポンド安でした（172ページ参照）。それに加え、日本のお盆効果の影響とのダブル効果のようです。

ドル円とポンド円とは違う！

ドル円とは、ドルに対する円の動きです。それに対し、ポンド円とはポンドに対する円の動きであり、「ポンドドル×ドル円」で計算します。図表14を見るとわかりますが、ドル円とポンドドル両方の影響を受けるので、ドル円が上昇したからといって必ずポンド円も上昇するとは限りません。

図表14 クロス円の計算例（概算）

値動き	ポンドドル	ドル円	ポンド円	備考
ポンド変わらず ドル円上昇	1.2400	142円	176.08	ドル円もポンド円も上昇
	1.2400	140円	173.60	
ポンド下落 ドル円上昇	1.2200	142円	173.24	ドル円上昇だがポンドドル下落でポンド円も下落

この「基本のキ」を知っているかどうかで、将来の収益に大差がつきますのでしっかりと押さえて欲しいポイントです。ちなみに、これはポンド円だけでなく、すべてのクロス円の通貨ペアに応用できます。

2013	2014	2015	2016	2017	2018	2019	2020	2021	2022
上昇	上昇	上昇後 下落	急落	上昇	穏やか 下落	下落後 上昇	下落後 やや上昇	上昇	上昇後 下落
625	720	1155	1340	895	589	1321	378	444	487
1010	800	950	2030	560	988	726	743	760	470
675	580	845	795	325	560	515	1514	467	1366
1350	365	925	1115	890	547	342	384	435	880
590	390	975	1025	660	744	988	578	516	830
710	360	735	2740	790	435	294	797	462	873
575	275	960	1445	370	413	618	626	561	595
705	340	1200	710	750	725	601	459	413	450
760	1135	790	920	1165	712	907	967	390	1900
520	1180	605	1280	445	673	1107	345	899	1240
1125	650	455	1675	540	547	254	544	677	792
865	810	930	630	400	602	713	444	704	1145

ポンド円が動く理由を押さえる

まず「基本のキ」として、ポンド円が動く理由について考えてみます。「ポンド円が上昇する（強くなる）」理由は、次の3つのどれかになります。

①ポンドが強くなる（ポンド高）
②円が弱くなる（円安）
③ポンド高と円安が同時進行する

もしポンド円取引の時に、ポンド円のチャートしか表示していないのであれば、必ずポンドドルとドル円のチャートも並べて眺めるクセをつけてください。

＞①ポンド高によるポンド円上昇

下のチャートでは、ポンド円が上昇している間、ドル円は行ったり来たりを繰り返しています。代わりに、ポンドドルが一直線に上昇し、ポンド円の上昇につながっています。

図表15 ポンド高が主導するポンド円上昇の動き

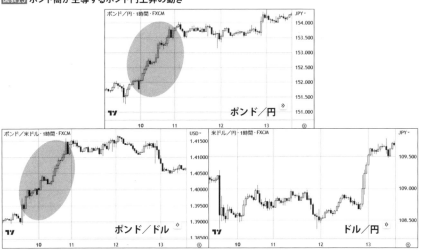

チャート提供：TradingView (https://jp.tradingview.com)

> ②円安によるポンド円上昇

次は、円安の影響を受けた動きです。ご覧のように、ポンド円上昇時、ポンドドルは横ばい状態で、ドル円の上昇に引っ張られポンド円も上昇しています。

図表16 円安が主導するポンド円上昇の動き

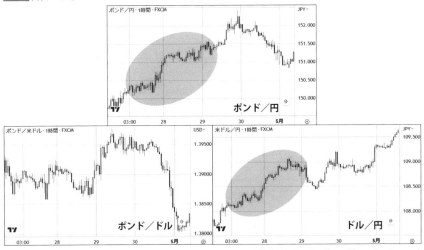

チャート提供：TradingView (https://jp.tradingview.com)

③ポンド高と円安が同時進行するポンド円上昇

次のページの図表17は、ポンド高と円安両方によるポンド円上昇例です。同時進行ですので、ポンド円の上昇はスピードも値幅も大きくなりやすく、ロングにするならこういう時を狙うと安心感があります。

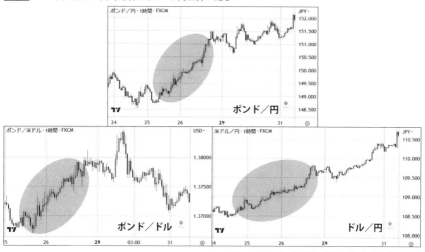

図表17 ポンド高と円安が同時進行するポンド円上昇の動き

チャート提供：TradingView (https://jp.tradingview.com)

〔事例〕2022年のポンド円の動きを復習

　この年はドル円が一気に円安となり、ポンド円もそれにつれて円安方向に動いたという印象が強いですが、話はそこまで単純ではありません。

　点線で囲まれた期間は、ポンドドルとドル円とポンド円すべてが似たような動きをしています。青のハイライトの期間は、**ドル円で円安が一気に加速し、ポンド円でも円安の動きが色濃く出た時**です（図表18）。

　グレーのハイライトの期間は、**ポンド急落によるポンド円下落の動き**です。

　当時のポンドドルは**1.3000のラインが強力なサポート**となっており、それが下抜けした途端、一気に1000pipsほどの強烈なポンド安となりました。ポンド円も約10円のポンド安です。

　ポンド安の背景にあったのは、当時のボリス・ジョンソン首相のパーティー疑惑事件で、警視庁の捜査が首相官邸に入るという前代未聞の政治危機が材料視されたのです。その後、ポンド円相場は一旦踊り場となり、その後あっという間にもう一段のポンド安が到来しました。

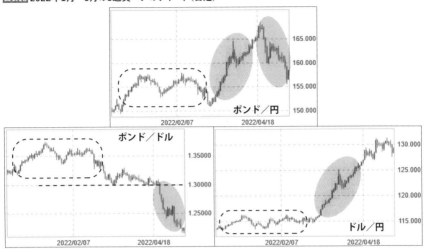

チャート提供：TradingView・トレイダーズ証券

　このようにポンド円だけでは見えない景色が、ドル円とポンドドルの
チャートからは見えてきます。それが利食いや損切りのタイミングを変更
するきっかけにもなるので、是非並べて表示してチェックしてください。

　最後に2023年のポンド円についてですが、1〜5月は円安の影響を強く
受けました。しかし、6月に入ると英中銀の金利引き上げの長期化を織り
込む形で、ポンド高と円安が同時進行し、一気にポンド円は180円台に突
入。

　もし英中銀の政策金利が5％台に乗り、それが長期化するようであれば、
ポンド円は最大195円程度（ポンドドル1.3500、ドル円145円）までいって
も不思議ではありません。ただし、相場の基本として、一直線に上昇し続
けることは不可能ですので、調整も深くなることは覚悟しておきたいと思
います。

5-05 ユーロドル（EUR/USD）の 注意点と戦略ポイント

世界で最も多く取引されているユーロドル（161ページ参照）。

流動性が高いということは、約定のスリッページを心配せずに安心して取り組める通貨ペアという意味があります。

ユーロドルの過去の値動きと月間変動幅

図表19は、2001年から2022年までの**月間変動幅**（162ページ参照）です。図表20は、2008年9月の世界金融危機からのユーロドルの動きです。

> **アノマリーを探す**

ユーロドルの2001年から2022年までの各月の動きを調べてみると、22年間の半数となる11回かそれ以上同じ方向に動いた月は、3回だけでした。

4月 ＝ ユーロ高／ドル安（22年中、11回）

5月 ＝ ユーロ安／ドル高（22年中、11回）

12月 ＝ ユーロ高／ドル安（22年中、13回）

図表19 2001年〜2022年のユーロドルの月間変動幅（単位：pips）

	2001	2002	2003	2004	2005	2006	2007	2008	2009	2010	2011	2012
	もみ合い	上昇	上昇	もみ合い後上昇	下落	上昇	上昇	上昇後下落	上昇	下落後上昇	上昇後下落	もみ合い
1月	490	500	580	570	650	470	430	560	1220	720	880	600
2月	440	240	280	560	550	340	350	800	580	590	430	510
3月	640	240	590	500	630	350	340	760	1280	550	510	380
4月	400	340	630	640	360	600	360	510	700	580	820	390
5月	570	430	790	530	700	420	270	530	960	1220	970	950
6月	270	690	540	400	370	500	290	540	590	590	620	460
7月	480	490	500	470	390	410	320	520	470	910	740	640
8月	510	300	650	430	370	250	480	1060	400	750	490	500
9月	520	390	990	420	610	250	730	980	670	1040	1020	670
10月	380	240	330	620	330	490	490	1850	580	540	1100	340
11月	390	300	650	680	450	600	560	730	520	1310	660	370
12月	350	650	720	530	400	320	460	2170	920	530	690	430

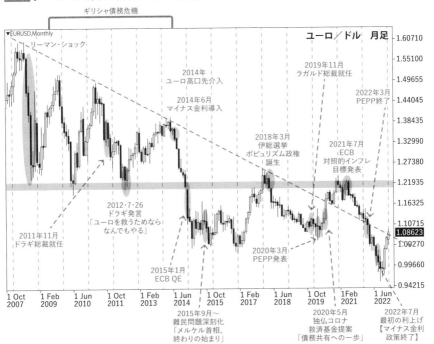

図表20 リーマン・ショックからのユーロドルの推移

ギリシャ債務危機

▼EURUSD,Monthly

ユーロ／ドル　月足

リーマン・ショック

2014年
ユーロ高口先介入

2019年11月
ラガルド総裁就任

2022年3月
PEPP終了

2014年6月
マイナス金利導入

2018年3月
伊総選挙
ポピュリズム政権
誕生

2021年7月
ECB
対照的インフレ
目標発表

2012・7・26
ドラギ発言
「ユーロを救うためなら
なんでもやる」

2011年11月
ドラギ総裁就任

2015年1月
ECB QE

2020年3月
PEPP発表

1.60710
1.55100
1.49655
1.44045
1.38435
1.32990
1.27380
1.21935
1.16325
1.10715
1.08623
1.04270
0.99660
0.94215

1 Oct 2007 / 1 Feb 2009 / 1 Jun 2010 / 1 Oct 2011 / 1 Feb 2013 / 1 Jun 2014 / 1 Oct 2015 / 1 Feb 2017 / 1 Jun 2018 / 1 Oct 2019 / 1Feb 2021 / 1 Jun 2022

2015年9月〜
難民問題深刻化
「メルケル首相、
終わりの始まり」

2020年5月
独仏コロナ
救済基金提案
「債務共有への一歩」

2022年7月
最初の利上げ
【マイナス金利
政策終了】

2013	2014	2015	2016	2017	2018	2019	2020	2021	2022
もみ合い	上昇後 大きく下落	下落後 もみ合い	もみ合い	上昇	下落	横ばい	上昇	下落	下落後 上昇
600	280	975	270	470	622	281	222	296	361
690	350	360	560	335	367	254	316	291	388
380	260	780	590	410	322	272	860	409	427
450	230	745	250	380	358	212	312	437	605
440	410	650	520	430	574	158	379	280	438
460	200	550	515	325	343	252	322	409	415
590	330	410	245	530	215	311	724	157	533
280	310	865	320	400	432	287	270	236	469
460	590	370	200	375	289	224	399	347	662
360	400	600	390	305	320	300	240	168	462
330	240	500	780	405	284	194	401	430	767
370	470	560	520	310	216	236	347	158	344

ユーロにとって、**5月は最悪の月**と言われているという記事を読んだ記憶があるのですが、対ドルだけでなく、対ポンド、対スイスフランでも、パフォーマンスは良くありません。

　どうして5月なのでしょう？

　5月と聞いて最初に頭に浮かんだのは、「Sell in May　セル・イン・メイ」というアノマリーでした。正式には、「Sell in May, and go away; don't come back until St Leger day.　5月に株を売って、ホリデーに行きなさい。そして、セント・レジャーズ（日本の菊花賞のモデルとなった世界最古のクラシック競走／毎年9月第2土曜日開催）の日まで帰って来ないように…」というものです。

　しかし、どうしてこのセル・イン・メイの5月にユーロが売られやすいのかは、私にもよくわかりません。

ユーロドル取引時間の特徴

　マーケットがオープンする時間帯、経済指標発表前後、オプション時間やロンドン・フィックスが、ユーロドルが大きく動く時間帯です。

　欧州市場オープンは、日本時間15時〜16時頃。NY市場参入が、20時30分〜21時30分以降。NYのオプション期限は、23時〜24時。そしてロンドン・フィックスがある24時〜1時頃となっています。

＞欧州の経済指標発表時間

　欧州の経済指標発表時間は国によってかなり違いますが、平均すると日本時間（夏時間16時〜18時／冬時間17時〜19時）が多いように思います。

　欧州中銀からの発表時間は、2022年7月理事会から変更されました。

　新しい時間は、声明文が日本時間で、夏時間21時15分／冬時間22時15分。記者会見開始は、夏時間21時45分／冬時間22時45分です。変更理由ははっきりしていませんが、いずれも欧州時間の14時台となっており、理事達がゆっくりランチを食べるためという笑い話も出ていました。

ユーロドル取引で注意すること

　ユーロドルについて、要点を絞って解説します。

①加盟国間のイールド・スプレッド

イールド・スプレッドとは、**金利格差**のことで、特にユーロ加盟国の優等生ドイツと落第生のイタリア、それぞれの10年物国債利回り（長期金利）の差が有名です。2009年からのギリシャ債務危機でもイールド・スプレッドがマーケットのテーマとなり、当時はドイツ対ギリシャやイタリアなどのスプレッドを見ながら、ユーロ取引をしていました。

ユーロ加盟20ヵ国の中で最も財政規律を順守するドイツと、債務残高が大きいイタリア。マーケットのコンセンサスは、**イールド・スプレッドが拡大するとユーロが売られやすい**という考え方です。

この背景には、伊独のイールド・スプレッドが拡大する時は、イタリアに何らかの悪いニュースが出て国債利回りがどんどん上昇（国債価格は下落）し、ドイツとの利回り差が拡大することが多いからです。

その逆にイールド・スプレッドが縮小する時は、イタリア国債利回りが下落（国債価格は上昇）し、ドイツとの利回り差が縮小するのが一般的です。こういう時は、イタリアにとって良いニュースが出たり、それまでの悪いニュースの賞味期限が切れたなどの理由で、イタリア国債に買い戻しが入り、ユーロに対してポジティブなニュースとなります。

> ②伊独イールド・スプレッドの2022年の動き

2020年以降の伊独イールド・スプレッドの動きを見てみましょう（次ページの図表21）。

ECBは2020年から始まったパンデミック時に、既存の国債購入を含むQE策に加え、**パンデミック緊急購入プログラム（PEPP）**を導入しました。

このプログラムでは、ECBが加盟国の国債を上限なく購入し、国債利回りをできるだけ低位に保ち、パンデミックで苦しい財政運営をやりやすく援助する対策でした。既存のQE策とPEPPとのダブルでECBが国債を購入してくれるので、債務残高が大きな加盟国は束の間の天国を味わいました。

しかし2021年から突如として世界を襲ったインフレの嵐は、当然ユーロ圏をも攻撃し、ECBは2022年3月にPEPPを終了したのです。

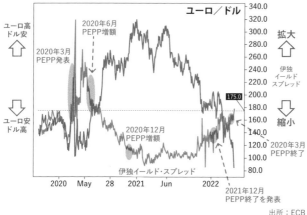

図表21 伊独のイールドスプレッドの動き

ユーロ高
ドル安
⬆

2020年6月
PEPP増額

ユーロ／ドル

2020年3月
PEPP発表

拡大
⬆

伊独
イールド
スプレッド

175.0

ユーロ安
ドル高
⬇

2020年12月
PEPP増額

縮小
⬇

2020年3月
PEPP終了

伊独イールド・スプレッド

2020　May　28　2021　Jun　2022

2021年12月
PEPP終了を発表

出所：ECB

340.0
320.0
300.0
280.0
260.0
240.0
220.0
200.0
180.0
160.0
140.0
120.0
100.0
80.0

　それまで人為的に低位に押さえ込まれていたイタリア国債利回りは一気に上昇に転じ、伊独イールド・スプレッドは急拡大。それに呼応して2022年のユーロドルは下落を余儀なくされました。

> **③口先介入にも注意すべし！**

　ユーロが誕生して以来、ECBが実弾介入に踏み切ったのは、ユーロ誕生直後に下落が止まらなかった時と、2011年の東日本大震災の時の協調介入だけです。

　ユーロ誕生当初はユーロという通貨の歴史がなく、信用力ゼロからのスタートでした。当然、誕生以来通貨は売られ、ECBは通貨安を食い止めるため利上げなどできる限りの対応策を取りましたが、通貨安は止まりません。最終的にECBは通貨防衛目的のユーロ買い介入に打ってでたのです（図表22）。

　それでは口先介入はどうでしょうか？ 1999年ユーロ誕生以降、「ユーロ高」に対する口先介入が出たところに青丸をつけました。たくさんありますね。ところが2022年5月には、「ユーロ安」について**フランス中銀のビルロワドガロー総裁**が言及したのです。**ユーロ安の口先介入は、初めてのことでした。**

図表22 実効為替レートに見る過去の「介入」レベル

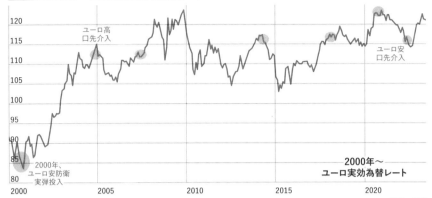

出所：ECB

　この頃は世界的なインフレ高騰により強烈な利上げ攻撃をかけてきた米国と、最後まで緩和策に拘っていたユーロ圏との金融政策の方向性の違いを受け、ユーロ安が加速した時期です。通貨安は輸入物価を引き上げ、インフレ率のさらなる上昇を引き起こすため、これ以上の通貨安は勘弁して欲しいと思ったのでしょう。

　ただ、チャートを見るとわかりますが、この時のユーロ安口先介入レベルは、過去のユーロ高口先介入レベルとほぼ同じなのです。やはり**時代や状況が変われば、通貨レベルの強弱への認識は変わる**という柔軟性に富んだ考え方を感じました。

　最後になりますが、ユーロ圏における為替レベルについては、おもしろい取り決めがあります。

　それはECBの基本的任務として、マーストリヒト条約第111条では、「外国為替操作を行うこと」と定められていますが、同時に111条にはEU財務相理事会が、為替政策につき一般的な指針を策定することができるとも規定されており、政府の関与が認められています。そのため、**ユーロという通貨が極端に強くなったり弱くなったりすれば、加盟国の財務相の発言にも気を配る必要があるのです。**これが、ユーロは政治通貨と呼ばれる要因の1つと言えるでしょう。

実際のユーロドル取引

　実際のユーロドル取引例をご紹介しましょう。私はローソク足の形を重視しますが、週足で興味を惹く形は年に数回しかないため、日足ベースで実効為替レートを参考に取引することがあります。

＞事例　2020年7月の取引

　2017年から2020年までの間、ユーロ実効為替レートは黒い点線をサポートとして動いていました。その後2019年秋にサポートラインを下回り、2020年にV字回復して上抜けです（図表23）。

　私はグレーの丸のところでユーロ買い／ドル売りを仕掛けたかったのですが、当時は「武漢ウイルス」と呼ばれたコロナ騒動が始まったばかりで、リスクを取る自信がなく見過ごしました。

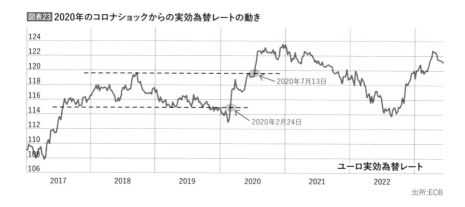

図表23 2020年のコロナショックからの実効為替レートの動き

出所:ECB

　その後、ロックダウンに突入し暗い日々を過ごしていたある夏の日、2020年7月13日ですが、ユーロ実効為替レートが2回続いた高値を上に抜けました（図表23の青丸）。当時のユーロドルは高値1.1495を抜けられず、ぐずぐずしていたので新規ポジションは見送って、1.1495が上に抜け、1.1600/20を通る長期のサポート／レジスタンスも上に抜けるようであれば、買おうと決めました。

結局7月下旬近くまでかかりましたが、念願の1.1600/20超えを確認して
ユーロ買い／ドル売り（図表24）。損切りは、1.1495のすぐ下に設定し、後
は放置です。

図表24 長期レジスタンス1.1600超えで買い（ユーロドル/日足）

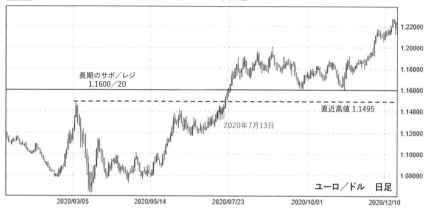

チャート提供：TradingView・トレイダーズ証券

2023年のユーロドルは？

　最後になりますが、2023年後半のユーロについては、私は「**下がったら
買い**」で見ています。特に対ポンドでの買いが有効ですが、ユーロドルは
0.90台に突入するとローソク足の実体ではなくヒゲを描きやすくなり、ユ
ーロの買い持ちでいると夜ゆっくり眠れません。その時の状況次第ですが、
0.90よりユーロ高になったら、週足のローソク足の形を見て、売りで参入
するかもしれません。

　ユーロドルについては、1.03〜1.17台を予想しています。

　2023年のユーロ取引での注意点としては、まずないとは思いますがイ
ンフレ率上昇が止まり、ディスインフレ兆候に頭を悩ます状況になれば、
**実効為替レートでのユーロ高についてECB理事達がどういう見解を示すか
でしょう。** もしユーロ高けん制発言に切り替われば、ユーロ下落が加速す
るかもしれません。

5-06 ユーロ円（EUR/JPY）の注意点と戦略ポイント

　ユーロ円は、円が絡む通貨ペアの中で、ドル円に次ぐ取引規模があります（161ページ参照）。

ユーロ円の過去の値動きと月間変動幅

　図表25は、2001年から2022年までの**月間変動幅**（162ページ参照）です。図表26は、2008年9月の世界金融危機からのユーロ円の動きです。

　ユーロ円の2001年から2022年までの各月の動きを調べてみると、22年間の半数となる11回かそれ以上同じ方向に動いた月は、以下の通りでした。

　1月　＝　ユーロ安／円高（22年中、12回）

　3月　＝　ユーロ高／円安（22年中、12回）

　4月　＝　ユーロ高／円安（22年中、12回）

　6月　＝　ユーロ高／円安（22年中、11回）

　9月　＝　ユーロ高／円安（22年中、12回）

図表25 2001年〜2022年のユーロ円の月間変動幅（単位：pips）

	2001	2002	2003	2004	2005	2006	2007	2008	2009	2010	2011	2012
	もみ合い	上昇	上昇後もみ合い	もみ合い	もみ合い	上昇	上昇後もみ合い	下落	上昇後もみ合い	下落後もみ合い	上昇後下落	もみ合い
1月	810	560	530	720	640	560	500	1200	1650	960	720	520
2月	590	350	480	680	590	620	440	730	1290	730	340	1060
3月	510	600	440	1250	350	520	730	750	1280	680	1140	580
4月	730	320	590	670	580	400	640	860	1300	560	690	650
5月	1000	420	930	660	320	460	320	590	870	1660	760	990
6月	800	430	520	660	380	300	550	770	780	690	440	600
7月	520	400	800	460	470	320	830	460	990	730	820	720
8月	350	370	1050	550	540	480	1610	1030	660	880	620	430
9月	480	610	790	580	330	300	880	1260	570	840	910	590
10月	350	310	460	280	440	230	730	3700	950	430	1080	480
11月	410	300	740	430	380	460	900	1460	890	710	680	730
12月	770	380	490	540	610	470	570	1520	720	460	590	870

10月　＝　ユーロ高／円安（22年中、12回）

12月　＝　ユーロ高／円安（22年中、14回）

図表26 リーマン・ショックからのユーロ円の推移

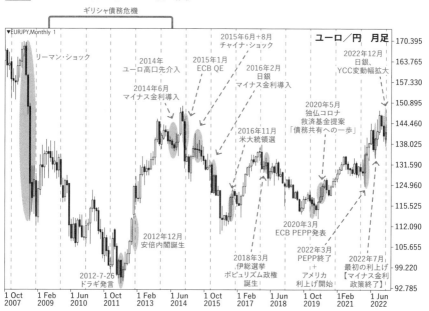

2013	2014	2015	2016	2017	2018	2019	2020	2021	2022
上昇	もみ合い	下落	下落後上昇	上昇	下落	下落後上昇	下落後上昇	上昇後下落	上昇
1100	740	1520	610	320	359	724	310	241	336
900	500	440	960	430	746	273	302	388	524
630	460	770	610	425	349	385	502	248	1314
1200	340	840	650	715	350	272	359	280	571
630	440	390	315	450	752	431	547	307	567
650	240	730	1380	640	370	238	512	408	645
470	290	450	760	280	357	330	495	383	689
450	230	400	310	415	620	415	286	249	633
520	540	520	430	505	526	415	470	281	828
440	670	535	365	305	583	440	347	515	750
850	870	355	760	300	264	205	343	507	456
730	500	480	540	345	385	266	285	361	793

3月と6月は、ドル円でも円安傾向と出ていました。そして4月と12月は、ユーロドルでもユーロ高という結果が出ています。

この結果を見て私が何よりも驚いたことは、**ユーロ高円安の方向に動く確率がやけに高いこと**です。そして**ユーロ円は、ドル円よりもポンド円よりも月別の方向感がはっきりしている**ことでした。これまで、私のユーロ円の取引は少ないですが、ある意味盲点だったという印象です。

2022年のユーロ円相場

2022年の年初相場のコンセンサスは、「米国や英国はインフレ上昇を受け、一足お先に金融政策の正常化に着手する。しかし、ユーロ圏と日本はしばらく緩和策の継続をせざるを得ない。よって金融政策のベクトルの違いにより、**ドルとポンドは買い、ユーロと円は売り**」というものでした。

両方とも「売り」カテゴリーに入ったユーロと円の組み合わせは収益の上がらない通貨ペアだと私は考え、動くとすれば秋以降、ユーロ買いというシナリオを組んでいたのです。このベースには、米英の利上げにより、ECBもぼんやりマイナス金利政策を継続できなくなるのが夏の終わり頃で、そこからはECB利上げ期待でユーロが買われる、という考えでした。

しかし、いざフタを開けると、2022年前半からユーロ円は大きく動き、私が予想したようなユーロ高ではなく「円安による上昇」となったのです。

＞①テクニカルで円安相場

2022年の円安相場には、2つの理由が挙げられます。まずはテクニカルですが、3月11日、ずっとレジスタンスとなっていた116.35が上抜けし、一気にドル高円安の動きに拍車がかかりました（図表27）。この円安の動きは、ユーロ円だけでなく、クロス円全般に当てはまります。

図表27 2021年秋からのドル円の推移

▼USDJPY,Daily

ドル／円　日足

ドル高
円安

116.35

2022年3月
米FRB
最初の利上げ

＞②米利上げを取り巻くドラマで円安

　もう1つの理由は、米国の利上げを巡る一連のドラマでしょう。

　2022年最初のFOMCでのパウエル議長の記者会見では、何を言ったか
ではなく、何を言わなかったかにマーケットは食いつきました。

　同議長は2022年を通じ、すべてのFOMCで利上げを繰り返すことを否
定せず、政策金利の引き上げ余地についても、「完全雇用を損なわない程
度に、かなりの利上げ余地がある。」と発言。そして最後のトドメは、0.5
％利上げの可能性をも否定しなかったことでした。

　誤解のないよう説明すると、記者からの質問に対しパウエルさんは一
言も「50bpsの利上げをする」とは言っていません。しかし、アメリカの景
気拡大基調について「過去とは比較にならないほど強いものであり、金融
政策の変更もそれに応じた内容となるのが自然である」と語り、マーケッ
トは0.5％利上げの可能性もあると判断、長期金利もドルも上昇しました。

　一般論ですが、主要国の中央銀行の利上げは0.25％がデフォルトであり、
0.5％という上げ幅は中銀が後手に回っていることを暗黙のうちに認めた
ことになり、不必要にマーケットを刺激してしまうため異例なことです。
そもそも中央銀行は市場安定の監視機関であり、その張本人が異例の利上

げ幅に踏み切るという市場安定を崩す行為が、タブー視されるのです。

＞③2月のブラード発言で円安

　1月FOMCの2週間後、セントルイス連銀のブラード総裁は、「7月1日までに1.0％の利上げを支持する。」と爆弾を落としました。この日から7月1日までには3回のFOMCしかないので、1.0％利上げということは少なくとも1回のFOMCでは0.5％の利上げが必要になります。

　結局3月FOMCでは、同総裁が0.5％利上げ票を入れていたことが発覚し大騒ぎ。今までタブー視されていた0.5％が今後はデフォルトとなるのか？マーケットのコンセンサスが大きく揺れた瞬間でした。

ユーロ円はユーロで動くか円で動くか？

　ポンド円のところでも書きましたが、ユーロ円が動く時は、①ユーロの動き、②円の動き、③その同時進行かで勢いが全く違ってきます。

図表28 ユーロ円を動かす3通貨ペアの動きの例（日足）

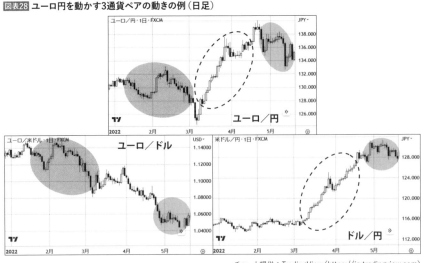

チャート提供：TradingView (https://jp.tradingview.com)

　2022年上半期のユーロ円では、3通りの値動きが確認できました（図表28）。

まず最初は青色の部分。ここではユーロドルの動きとユーロ円の動きが、ほぼ同じです。

　次は点線の部分。ここでは円安が加速し、ユーロ円も一気に円安へ。最後のグレーの部分では、ユーロ円はユーロと円、それぞれの影響を同時に受けて動いているように見えます。

　このように、**クロス円取引をする時は動いている原動力が何なのか、ここをきちんと見極められると、無駄な悩みや取引が減るでしょう。**

ドル高がユーロ円の動きにどう影響するのか

　ドル高相場と言っても、対ユーロ、対ポンド、対円などすべての通貨に対してドル高とは限りません。早速チャートで確認してみましょう。

　図表29のように、ユーロドル、ポンドドル、ドル円、ユーロ円の4つを並べました。これは私の普段のチャートの並べ方です。

図表29 4つの通貨ペアの動き（1時間足）

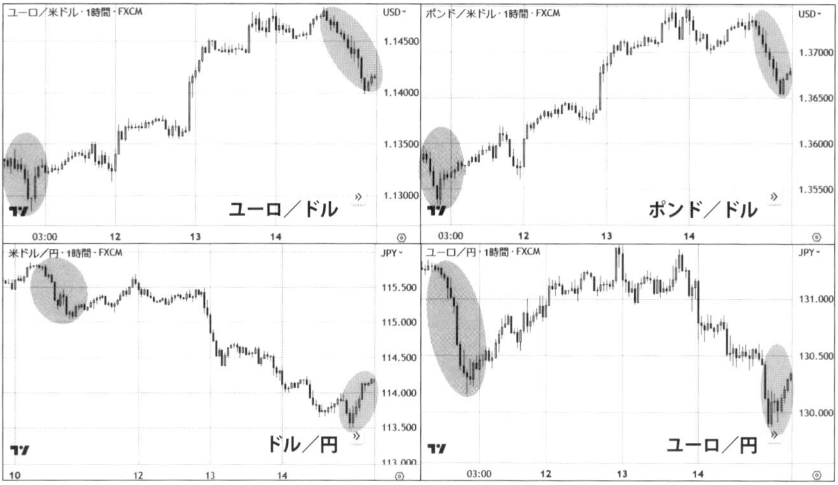

チャート提供：TradingView（https://jp.tradingview.com）

　最初は青の部分に注意してください。ここではユーロドルとポンドドルでは、ドル高。しかしドル円では、ドル安となっています。結果として、**ユーロ円はユーロ安と円高が同時進行し、大きく下落**しています。

ただ、これは私の考えですが、この手のパターンは**ユーロ円の下落が主役**で、ユーロドルがそれに追随しドル高のように見える。しかしドル円はユーロ円に引っ張られ、結局ドル安円高にならざるを得ないのでしょう。

　次はグレーの部分です。ここでも、ユーロドルとポンドドルではドル高です。しかし、ドル円でもドル高で、すべての通貨でドル高が確認されました。こういう時は、**ユーロドルに対するドル高と、ドル円に対するドル高のどちらが力強いか**で、ユーロ円の方向が決まると考えています。

　ここで私がお伝えしたいことを整理すると、**ドル高マーケットと言っても、クロス円の動きは毎回同じではなく、時には正反対の動きをすることがある**ということです。
　そのため、できればこの4通貨のチャートを同時に見られる環境にしておけば、どの通貨が主導権を握って動いているのかを瞬時で把握できます。クロス円取引が多い方は、是非まねてやってみてください。

　蛇足になりますが、例えば豪ドル円を主に取引する方でしたら、上段にAUD／USDとNZD／USD、下段にUSD／JPYとAUD／JPYのチャートを表示するのが良いと思います。

5-07 ユーロポンド（EUR/GBP）の注意点と戦略ポイント

　日本の個人投資家の間では、あまり人気がないユーロポンド。しかし欧州では、ユーロ誕生前に最も人気があったポンドマルクと同じ位置づけということもあり、ユーロポンドを取引する人は多いです。

　ここでは簡単に、ユーロポンドについての私の考え方をお伝えしたいと思います。

2016年からレンジが続くユーロポンド

　2016年6月23日の英国のBrexit国民投票以降、ユーロポンドはずっと**0.82～0.92台で推移**しています（図表30）。もちろん一時的にヒゲが伸びてこのレンジを少し超える動きはありましたが、基本的には**このレンジの間で「行って来い」**となっています。

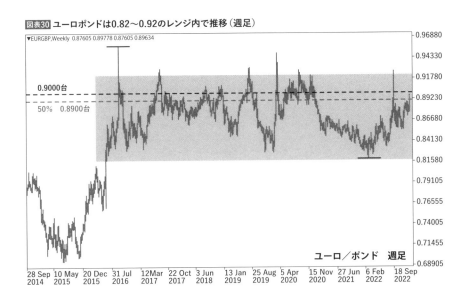

図表30 ユーロポンドは0.82～0.92のレンジ内で推移（週足）

ロンドンやヨーロッパのディーラーのある種の常識として、チャートにより差はありますが、2016年の高値である0.95〜0.96台と2022年の安値0.82台の半値である0.89台より上、できれば0.90台に乗せたら目を瞑ってユーロ売り／ポンド買いをすることが、収益獲得の近道でもありました。

　もちろん0.90台を超えるユーロ高ポンド安が進んでくると、例外なく大手銀行のどこかが、「ユーロポンド　パリティー（1.0000）予想」という顧客レポートを出し、マーケットでも「今回は今までとは違う。今度こそパリティーにいくぞ！」というセンチメント一色になります。パリティーとは「等価」のことで、ここでは1ユーロ＝1ポンドになるという意味です。反対に2022年7月には、ユーロがドルに対し一時20年振りにパリティーを割り込みました。
　いつも思うのは、マーケットは「パリティー達成」が好きなのですね。だからドルスイスだろうが、ユーロスイスであろうが、すぐに「パリティー予想」が出てくるのです。

　これは結果論ですが、**ユーロポンドが0.90台にいく時は、ほぼ例外なくポンドが極端に売られている時**です。マーケットでも「ポンドはオワコン」というセンチメントが強い時期なので、敢えて0.90台より上でユーロ売り／ポンド買いのポジションを持つことには、非常に勇気がいります。
　今度この通貨ペアが0.90台にいったら、その時この文章をもう一度読み直してください。本当に勇気が必要なのです。

ユーロポンドを売っていれば儲かった時代

　忘れもしない2021年。ロックダウンでふて腐れてはいたものの、ＦＸ取引では「ユーロ売り／ポンド買いをやれば儲かる」という、非常に恵まれた1年間でした。

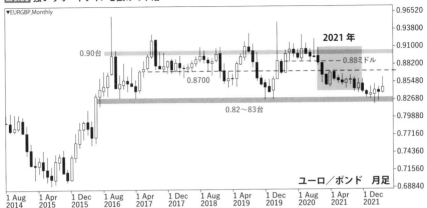

図表31 強いサポートラインを抜けて下落

図表31のように、ユーロポンドは2020年の間ずっと、**0.88ミドルが強い
サポート**でした。「これさえ下抜けすれば、一旦0.8700のサポートが見え
てくる。もしそこも下に抜けるようであれば、待望の0.82 ～ 83台も夢で
はない！」こんな希望を毎日抱きながら、ロックダウンに耐えていたこと
を覚えています。

2021年に入ってすぐに0.88ミドルがきれいに抜けました。その後は結局
0.8700が上値を抑えるレジスタンスとなり、ジリジリと下落に次ぐ下落を
繰り返しました。

この時に私がユーロ売り／ポンド買いをしたのは、単純にサポートを
下抜けしたからだけではありません。次の第6章の実効為替レートのとこ
ろでお話ししますが、**ユーロとポンドそれぞれの実効為替レートレベルが
ユーロは買われすぎ、ポンドは売られすぎであった**ことも大きな理由です。

普段から常に実効為替レートを見ているので、時々こういうボーナス
取引がゲットできるのです。

最後になりますが、2023年のユーロポンドは、**0.85～0.87台がコアとなり、
上は0.90台。下はうまくいけば0.83台までのユーロ安ポンド高**と見ていま
す。

パリの凱旋門

第 6 章

ファンダによる判断を
補強するテクニカル

Technical Analysis

6-01 🏛 トレンドラインと 水平線

　「トレンド　イズ　フレンド」という名言がありますが、トレンドに逆らって逆張りをする方が日本人には少なくないようです。しかし相場の流れを決めるのは、残念ながらあなたではありません。

トレンドラインを引く

　テクニカル分析が難しいと感じたら、まず最初にチャートを見て、「過去にどのレベルで値動きがサポートされたり、撥ね返されたりしたか」を調べてみましょう。そこの高値同士や安値同士をつなげて引いた線がトレンドラインであり、サポートライン（下値支持線）やレジスタンスライン（上値抵抗線）になります。

　トレンドには、マーケット参加者の総意が現れています。この通貨は上がる！そういう気持ちを参加者が持っていればいるほど上昇します。それに乗らない手はないでしょう。

　さて、図表1はドル円週足の2015年5月までの古いチャートですが、青い水平線がサポートライン、点線が下降トレンドラインになっています。

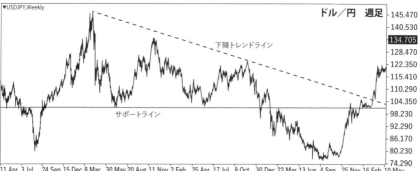

図表1 ドル円週足（1993年4月〜2014年5月）

長期的に見て、青線より上では買い、下では売り。そして点線の下降トレンドラインを上に抜けた時点で、青線の上にローソク足が位置していれば、「ダブルで買い」という感じでしょうか。

過去のレジスタンスが突破後はサポートになる

　次はポンド円の日足です（図表2）。最初の頃は青線より下での動きでしたが、2021年2月に一旦上抜けすると、今度はそれがサポートラインとなり青線の上での推移となりました。実はこの青ラインは2018年半ば以降から何度も上昇しては撥ね返されてきたレジスタンスでした。

　このように、**何度も撥ね返されたレジスタンスが、突破後にはサポートになる**というのはよく見られる例です。そして、今度は黒い点線の辺りで頭を押さえられ、レジスタンスラインとなっていますが、これも後にはサポートラインとして機能しています。

　上がるだけ、下がるだけの相場というのはなく、上げも下げも必ずどこかで止まります。そして強い抵抗帯で止まった時にはレンジになりやすく、**青線と黒い点線の間でレンジ相場となっている**のがわかります。

　2022年5月12 〜 13日には、この黒いサポートのラインを一度下に抜けていますが、再度上昇しています。これで**ダブルトップ**をつけ、もう一度青ラインを下に抜けたら、下げは大きいかもしれません。

図表2 ポンド円日足と長期のサポート/レジスタンス

チャートに慣れてきたら、右側を隠してローソク足のパターンから次
の展開を予想してください。最初は誰も当たりません。とにかく練習する
ことが大切です。

ローソク足を味方につける

　私はインディケーターを入れない代わりに、ローソク足の形をよく見
ます。ローソク足には、相場参加者の思惑が隠れています。どうしてこう
いう形になったのか、まずそこに注目し、自分なりの結論を見つける練習
をしましょう。練習は成功の第一歩です。

　テクニカルは私もまだ勉強中ですが、ローソク足を見慣れてくると、
その時の取引状況が頭に浮かんでくるようになります。天井や底で長いヒ
ゲが出ると反転のサインかもしれません。次の動きを考えてみましょう。

　水色のハイライトを入れたローソク足が出た時は、何か突発的なニュ
ースや経済指標が出て、レートがピョンと上に飛んだのでしょう。ローソ
ク足の形は**上影陰線**で、上にいけず結局元の価格に戻ってきたことがわか
ります。その翌日、マーケット参加者はどうしたものかと悩んだはずです。
そしてさらにその翌日に一気に売りが入り、下落しました（図表3）。

図表3 レジスタンス突破後はサポートラインになっている

その後は何度か行ったり来たりしていますが、二度とあの天井をつけたレベルには戻らず、**青線で引いたように過去のレジスタンスが今度はサポートになっています。**

　やはりあのローソク足のレベルに戻らない。ここカギだと思いました。そうなると、次に考えることは「この青いサポートラインを下に抜けると、相当下落するだろうなぁ」ということです。もちろん間違っているかもしれませんが、まだ見えないチャートの右側を自分なりに想像する練習です。

図表4 重要なサポートを割ったら売り

　図表4がその後のチャートですが、やはり青い水平線を下抜けすると、一気に下落しました。このチャートには追加で2本の水平線を引きましたが、もしアグレッシブに取引をする人なら、黒いサポートの水平線を下に抜けた時に、売り増しをしても良いでしょう。私は利益が乗っている取引では追撃もしますが、負けている取引では絶対にナンピンはしません。

　売りの利食いレベルは、過去の安値（130.4円付近）である一番下の水平線レベルです。もしこのラインを下に抜けたら、ラインのすぐ上に損切りを置いて、新しい売りを仕掛けても面白いかもしれません。

6-02 200週移動平均線と 60週EMA

　皆さんそれぞれ自分好みの移動平均線（MA）をお使いだと思いますが、それで良いと思います。例えば、私が銀行で働き始めたばかりの頃から「21移動平均線」は使われていました。

　どうして「21」という数字になるのか上司に質問したところ、返ってきた答えは、「（当時は）土曜日も出勤日のため、毎月の営業日は日曜や祝日を除くと平均して21営業日となるので、21日移動平均線が最も重宝されている」ということでした。

　すると、現在では土曜日は休業日なので、厳密に言えば21という数字は時代遅れなのかもしれません。

21日移動平均線

　図表5は、ポンド円日足に**21日移動平均線**を入れたチャートです。ローソク足が移動平均線を下から上に抜ければ「買い」、上から下に抜ければ「売り」という単純な使い方をする人が多いですが、それでもそれなりに機能することがわかります。

図表5 **ポンド円日足に入れた21日移動平均線**

移動平均線の主な種類

移動平均線には、主に次の3種類があります。

＞単純移動平均線（Simple Moving Average）

最も一般的なものが「単純移動平均線」で、略して「SMA」と表記されます。

例えば21日SMAであれば、当日を含む過去21日間の終値を合計し、その数字を21で割ったものが、当日の数値となります。それを毎日線でつなぎ合わせると、私達が普段見慣れている移動平均線となります。

＞指数平滑移動平均線（Exponential Moving Average）

次は「指数平滑移動平均線」ですが、略してEMAです。これは一定期間の終値の平均値と直近の終値を2倍にして、累積加重して平均値を出すやり方です。

＞加重移動平均線（Weighted Moving Average）

最後は「加重移動平均線」で、略してWMAです。WMAは直近の価格ほど比重を高くし、日が経てば経つほど比重が軽くなっていくやり方です。

そのため、直近のレートを重視する移動平均線とも言えます。今度使ってみようかと少し考えています。

期間（数値）の最適化に執着しないこと

冒頭でも書きましたが、移動平均線の「期間」はあくまでも目安であり、個人の好みで良いと思います。慣れてくれば誰でも自分なりの使い方ができあがっていくように感じます。

重要なことは、一度決めたらその数値（期間）を使い切ることです。短期間にコロコロと数値を変更してバックテストを繰り返しても、**カーブフィッティング**（過剰な最適化）に陥るだけで、利益は上がりません。

もちろん、相場そのものが変わることもあるでしょう。例えば最近ではAIの出現です。私が銀行で働いていた頃にはAIは存在せず、すべて人間がマーケットを動かしていました。そういう意味では、マーケット環境の変化に応じ、移動平均線の期間を変更することは構わないと思います。

図表6は、ユーロドル週足に50週SMAと200週SMAをそれぞれ乗せてみたものです。どちらもそれなりに良さそうで、「時間足や日足でないとダメ！」「期間は50でないとダメ！」といった議論は無意味だとわかります。利益が出せるかは、あくまで人それぞれのやり方次第です。

図表6 50週SMAと200週SMAをそれぞれ入れたユーロドル週足

私は200週SMAをメインに使う

　私は長期で比較的大きなポジションを取り、大相場を狙うタイプなので、メインの時間軸は週足で、200週SMAを使います。ただし、移動平均線を使わないこともあります。200週SMAは約4年弱の期間をカバーすることになるので、そう簡単には向きを変えたり、あるいはローソク足が上から下や下から上に頻繁に抜けたりはしません。ですから、もう少し早めの反応を希望する方には不向きでしょう。

しかし、**ローソク足が一旦この200週SMAをまたぐと、少なくとも1000pips以上の大相場になる**ことも珍しくはありません。

> 200週SMAを使った3つの売買法

　私が200週SMAを使ってやることは3つ。最も重視するのが、**移動平均線からの乖離を見て、売られすぎ・買われすぎの判断をします。** これについては、後ほど詳しく書かせていただきます。

　次は、**移動平均線の傾きを見ることですが、特に平行になった時に気を使います（図表7）。** 200週SMAが平行になった時、その時のローソク足の位置が移動平均線より上にあるのか下にあるのか、そこをチェックします。

　例えば上にあれば、時間はかかりますが、いずれ確実に移動平均線の下にプライスは潜っていきます。そこで、移動平均線を週足レートが下に抜けたら、ひとまず売ります。もちろん、何度も「騙し」に遭うこともありますが、本格的に抜けた時にはそれまでの損失をすべてカバーしてたっぷりお釣りがくるほど下落するので、あまり心配していません。

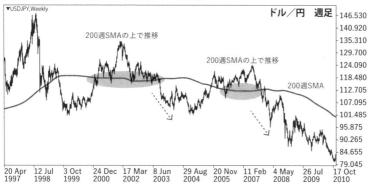

図表7 200週SMAを入れたドル円週足（2010年頃）

　3つ目は、後ほど説明する**乖離幅が過去の「売り場」や「買い場」に達したと判断したら、取りあえずポジションを作ってみます。** これは天井売りや底値買いになる時もありますが、悉く損切りを繰り返すこともあります。しかし、やはり一度反対方向に動くと、大きな収益につながることが多いやり方です。

ただし、ポジションサイズには十分すぎるほどの気を使ってください。

ユーロポンドだけは60週EMAを使う

私はすべての通貨ペアに200週SMAを使いますが、ユーロポンドだけは**60週EMA**です。明確な理由は特になく、チャートに表示した時の感触が非常に良かったという単純な理由からです。

図表8が60週EMAを入れたチャートですが、200週SMA同様、**ローソク足がEMAより上なら買い目線、下なら売り目線**です。

①で、過去のレジスタンスを上抜けするのと同時に、ローソク足が60週EMAを下から上に抜けました。こういう時は、EMAのちょっと下に損切りを置き、ロングにします。その後、またEMAまでローソク足が戻していますが（拡大図）、EMAを下回らず、大きな陽線が出たところで、追撃の買いです。損切りはEMAのちょっと下に置きます。

こういう具合に、ダブルボトムをつけてレジスタンスを上抜けし、そしてEMAも下から上に抜けた。これが同時に起きるということは、かなり上昇する可能性もあると判断し、躊躇せずポジションを取るのが私のやり方です。

もし追撃買いは控えたければ、最初の買いは青点線のところでピークをつけた時点で一旦利食い、その後プライスがEMAのところに下がってきたタイミング（拡大図）で、新たな買いを作っても良いでしょう。

図表8 60週EMAを入れたユーロポンド週足（2013年11月〜2018年3月）

▼EURGBP,Weekly
ユーロ／ポンド　週足

60週EMA　利食い　拡大　①

| 0.97180 |
| 0.95530 |
| 0.93830 |
| 0.92180 |
| 0.90530 |
| 0.88830 |
| 0.87180 |
| 0.85830 |
| 0.83830 |
| 0.82180 |
| 0.80480 |
| 0.78830 |
| 0.77130 |
| 0.75480 |
| 0.73830 |
| 0.72130 |
| 0.70480 |
| 0.68830 |

17 Nov 2013　9 Mar 2014　29 Jun 2014　19 Oct 2014　8 Feb 2015　31 May 2015　20 Sep 2015　10 Jan 2016　1 May 2016　21 Aug 2016　4 Mar 2018

6-03 乖離率を使った長期取引

　ここ数年、取引の際に頼りにしているのが**乖離率**です。

　私のメインの使い方は長期取引ですから、週足に200週SMAからの乖離率を表示しています。

　ここで紹介するのは、あくまで私の使い方の例に過ぎません。日足や1時間足でも30分足でも、時間軸と数値を自分の好みに変更すれば良く、シンプルで誰にでも使える便利なテクニカル指標です。

〔事例〕乖離率を使った売買（ポンドドル）

　図表9は、ポンドドルの週足に200週SMAを乗せたもので、下段の折れ線グラフは**200週SMAからの乖離率**を表示しています。

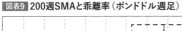
図表9 200週SMAと乖離率（ポンドドル週足）

チャートに囲みや点線が入っていますが、これは過去の乖離率に水平線を引き、サポートやレジスタンスとして機能しているゾーンを示しています。つまり、そのレベルに乖離率が近づいてきたら、反転する可能性があるので、ポジションのサイズを変更する目安にしています。

＞売買の条件例

①ローソク足がSMAを上に抜けたら（乖離率は0を上抜け）買い。

②乖離率がBゾーンの下限で止まり反転して下がるか、下限を上抜けしてBゾーン内に突入するかを見る。突入したら買い増しして、その上のAゾーンまでいけば利食いする。

③Bゾーン内で上下が続いた場合、相当買い相場が続いているので、「そろそろ息切れするかも」というサインを見逃さないよう注意する。

④そして、乖離率がBゾーンの下限を下に抜けたら、まず0％まで売りで攻める。

⑤0％を下抜け（SMAを下抜け）たら、Cゾーン内で止まるかをチェック。止まらなければ、より大きな下げを覚悟する。

⑥一番下のDゾーンは売られすぎで、ここまで下がれば要警戒。ここでは大事を取って売りでは入らないこと。

⑦C／Dゾーンから反転し乖離率が上昇した場合、Cゾーンの上限を上抜けるかに注意。抜けずにまた戻ってくると、「売り相場継続」の可能性大。

⑧乖離率がCゾーンを上抜ければ、0％までは上昇することはほぼ確実と見て、買いで攻める。

ポンドドルは、こんな感じでやっています。

〔事例〕乖離率を使った売買（ユーロドル）

次はユーロドルで、同じく200週SMAを載せています（図表10）。

ポンドドルと比較すると、乖離率は売られすぎのDゾーンの部分が少ないことが特徴かもしれません。同時に買われすぎのAゾーンもあまりなく、基本的には乖離率は下のCゾーンと上のBゾーンとの間の推移となっています。

図表10 200週SMAと乖離率（ユーロドル週足）

〔事例〕乖離率を使った売買（ドル円）

　最後は、ドル円にも200週SMAを載せてみました（次ページの図表11）。

　もちろん、時期による違いがあるかもしれませんが、ぱっと見の第一印象としては、ポンドドルやユーロドルのチャートに比べ、**移動平均線からの下抜け／上抜けに騙しが多くなった**と感じられます。

　たぶんSMAの計算値を精査して、200以外の数値を使った方がしっくりくるように思います。

　取引の仕方はポンドドルと同じですが、騙しもそれなりの回数があるので、ちょっとやりづらい気がします。

　これらの事例から言えることは、やはり200週SMAとそこからの乖離を見て長期取引する場合は、ポンドドルが最も適していると思います。

図表11 200週SMAと乖離率（ドル円週足）

200週SMA

| 143.990 |
| 138.555 |
| 133.110 |
| 130.033 |
| 127.830 |
| 122.390 |
| 117.110 |
| 111.670 |
| 106.350 |
| 100.950 |
| 95.670 |
| 90.230 |
| 84.950 |
| 79.510 |
| 74.230 |

Ⓐ

Ⓐ

Ⓒ

35.7812
14.3499
0.00
-6.9155
-23.4142

9 Feb 1997　3 May 1998　25 Jyl 1999　15 Oct 2000　6 Jan 2002　30 mar 2003　20 Jun 2004　11 Sep 2005　3 Dec 2006　24 Feb 2008　17 May 2009　8 Aug 2010　30 Oct 2011　20 Jan 2013　13 Apr 2014　5 Jul 2015　25 Sep 2016　17 Dec 2017　10 Mar 2019　31 May 2020　22 Aug 2021

6-04　実効為替レートを 取引に利用する

　私は特にユーロとポンド、時々はドルの実効為替レートを見ながら取引の参考にすることがあります。円については、日銀が自分達の手で実効為替レートを作成していないので、無視しています。

　ここでは実効為替レートを実際の取引に使った例を挙げてみます。

〔事例〕ユーロ実効為替レートの場合

　図表12は、ECBのホームページで見られるユーロの実効為替レートです。最初は2020年5月18日を例に挙げてお話しします。

　この当時の実効為替レートのレベルは、2018年にECBがユーロ高けん制の口先介入をした時のレベルを上回っていたので、これ以上のユーロ高に賭けるのは躊躇するレベルでした。しかし、右肩上がりの青色のレジスタンスラインを抜けさえすれば、ひとまず直近高値まではいけそうだと考えたのです。

図表12 ユーロの実効為替レート（日別/1999Q1＝100）

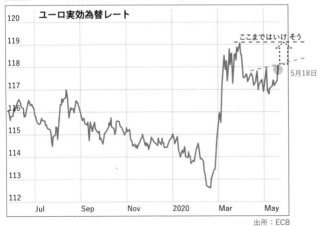

出所：ECB

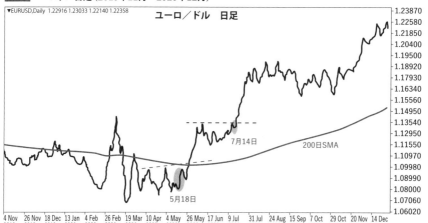

図表13 ユーロドル日足（2019年11月〜2020年12月）

　図表13は当時のユーロドル日足です。実効為替レート同様、右肩上がりの青いレジスタンスラインを抜け、200日SMAも上に抜ければ上昇の余地は大きいと判断。レジスタンス上抜けと同時にユーロ買いで攻めます。

　その後の実効為替レートの様子は、図表14のような感じです。結局2018年の直近高値ラインまで上昇し、一旦はそこで頭を抑えられたものの、再度そこまで上昇しました。7月14日のことでした。

図表14 ユーロ実効為替レート（日別/1999Q1＝100）

出所：ECB

この日のユーロドルは図表13で黒い点線を引いた直近高値のすぐ下でした。**そこで実効為替レートの2018年高値抜けとユーロドルの直近高値抜けを確認し、追加のユーロ買い／ドル売りを仕掛けました。**

〔事例〕ポンド実効為替レートの場合

図表15は、BOEのホームページで見られる2016年のBrexit国民投票以降のポンドの実効為替レートです。

図表15 ポンドの実効為替レート（日別/2005年＝100）

出所：BOE

ざっくりですが、青いハイライトの間のレンジ（74 ～ 80）内での動きに終始しています。レンジの半値が77、そこに黒い点線を引きましたが、黒線より上は買い目線。下は売り目線というぼんやりとしたイメージを持ってマーケットを見ていました。

2020年3月、英国が最初のロックダウンに入る約2週間前、BOEが突然政策金利を0.75％➡0.10％へ利下げし、銀行の自己資本上積みの「景気循環対策資本バッファー」を1％から0％に引き下げ、1900億ポンドの貸出余力を作る政策「中小企業向け融資スキーム（TFSME）」を発表。

当時は世界各国の中央銀行がコロナ感染対策用の緩和策を発表していたので内容自体は特に目新しくありませんが、やはりポンドは下落です。

図表16が当時のポンドドルのチャートです。英中銀の発表があった日のローソク足は200日SMAの上に位置していましたが、黒線のサポートラインぎりぎりでしたので、抜けたら売ろうと思っていたのです。

　しかし実効為替レートを見ると、まだ半値の77よりも上。どうしようかな、まごまごしていると取り残されるなぁと悩み、77割れを待たずにポンド売り。幸いに翌日には76台に下がったので運が良かったですが、77より下の滞在時間は短く、あっという間にV字回復してしまいました。

図表16 ポンドドル日足（2019年12月～2020年1月）

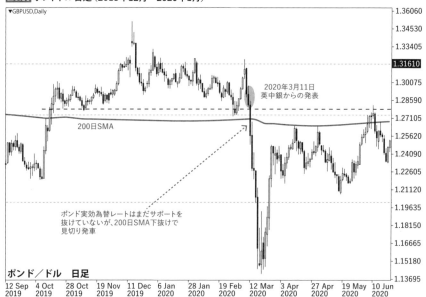

〔事例〕ドル実効為替レートの場合

　最後はドルの実効為替レート（ドルインデックス）とユーロの実効為替レートの両方を使った例です（図表17・18）。

図表17 ドルインデックス（日別/1973年＝100）

出所：米インターコンチネンタル取引所

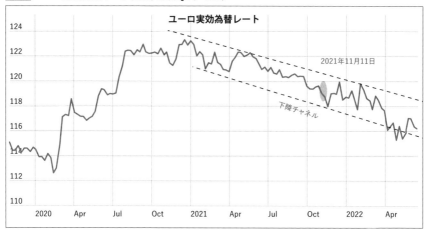

図表18 ユーロの実効為替レート（日別/1999Q1年＝100）

出所：ECB

　図表17は2020年から21年にかけて**ダブルボトム**を形成してから上昇し、黒線のレジスタンスラインを上抜け。ここから買いを考えていました。そして青線のレジスタンスラインを上に抜けたのが2021年11月11日。

　当然ですが、ユーロ実効為替レートもチェックしました。**下降チャネル**に入っており、このまま下落を期待できそうです（図表18）。

つまり**ドルインデックスでドル高、ユーロ実効為替レートでユーロ安の
ダブル・コンボ**です。

　当時のユーロドルは図表19のような感じ。ダブルなのでもっとスルスルと勢いよく下がると思いきや、ユーロ実効為替レートが何度も下降チャネル上限まで戻したこともあり、利益が完全になくなる局面を何回も経験し、結構ヒヤヒヤしました。最後はスッと下がってくれました。

図表19 ユーロドル日足（2021年6月〜2022年2月）

ユーロ／ドル　日足

▼EURUSD,Daily

200日SMA

損切り

2021年11月11日

- ⊙**BIS（国際決済銀行）の実効為替レートのページ**

  https://www.bis.org/statistics/eer.htm

- ⊙**FRED（セントルイス連銀）の実効為替レートのページ**

  https://fred.stlouisfed.org/series/RBUSBIS

- ⊙**BOE（イングランド銀行）のHP**

  https://www.bankofengland.co.uk/

- ⊙**ECB（欧州中央銀行）のHP**

  https://www.ecb.europa.eu/home/html/index.en.html

6-05 ベガス・トンネルを使った売買

　私の1冊目の本でも詳しく書いたベガス式トンネル。もう15年以上前になりますが、私は英語のＦＸフォーラムで英国や米国の個人投資家達とよくチャットをしていました。そこにふらりと参加してきたのがベガスさんでした。ラスベガス在住で、よくカジノの話をしていたのが印象に残っています。

ベガス・トンネルとは？

　このベガスさんが作ったのが「ベガス方式」です。チャートに表示するのは、**12・144・169の3本のEMA（指数平滑移動平均線）**だけです。

　144EMAと169EMAが連なってトンネルのような部分ができるため、**ベガス・トンネル**とも呼ばれています。12EMAは取引のタイミングを計る指標で、トンネルを抜けた方向にポジションを取ります。

　ベガスさんは1時間足がメインでしたが、私は週足と日足、たまに4時間足でも使っています。5分足で使っている人もいました。

　この方式をベガスさんから教えてもらった時は、目の前の真っ白いキャンバス（チャート）に3本の線を引き、これをお好きな絵に仕上げて下さい、と言われたような気がしました。私は主にファンダで考えた方向性（通貨の強弱）の確認や利益確定、損切りなどに使っています。

　ベガス方式のアレンジは自在で、皆さんがご自分で工夫しながら、一番居心地の良い時間軸を選べば良いでしょう。

〔事例〕ユーロドル週足とベガス・トンネル

　第4章の4-5で、2020年5月に発表された欧州復興基金を例に挙げましたが、図表20はその時のユーロドル週足とベガス・トンネルです。

▼EURUSD,Weekly 1.21845 1.23091 1.21801 1.22158

ユーロ／ドル　週足

7月14日週

5月18日週

メルケル首相とマクロン大統領の共同記者会見の当日は、ユーロドルと12EMAは両方ともベガス・トンネルの下でした。

その後、この発表を好感し、ユーロは上昇。7月に入り、12EMAとローソク足の両方がベガス・トンネルの上に出たタイミングでユーロを買い、損切りはトンネルの少し下に置きました。

この7月14日の週にユーロドルを買った理由はもう1つあり、それはユーロの**実効為替レート**でした（図表21）。この週に2018年9月の高値ラインを上抜けし、上昇に弾みがついたので、買いの安心感がありました。このように実効為替レートを味方につけることも覚えてください。

図表21 実効為替レートも主要レジスタンスを突破（1999Q1＝100）

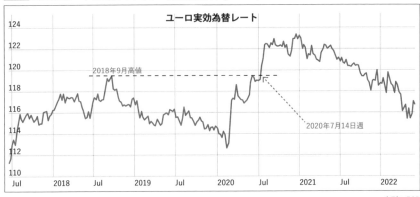

ユーロ実効為替レート

2018年9月高値

2020年7月14日週

出所：ECB

図表22 ベガス・トンネルの上抜け（ユーロドル日足）

ユーロ／ドル　日足

6月2日

5月18日

　念のため、この当時のユーロドル日足（図表22）で見ると、6月2日に「買い」となっています。私もこの時は日足でもチェックしていましたが、実効為替レートが2018年9月高値ラインギリギリで抑えられており（図表21）、もしや頭打ちないし上昇一服になる可能性も考え、我慢しました。

　やっぱり買っておけばよかったのに！

　こういう後悔はしません。その時は、その後に大きく上昇することはわからなかったわけですし、タラレバを言って後悔しても何も残りません。**その時にできる自分にとって最も重要な判断を積み重ねる**──それが取引で最も重要なことだと思います。

〔**事例**〕ファンダの方向に沿ってスイングトレード

　2021年が始まったばかりの頃、私の**ブラック・スワン**（マーケットにおいて事前にほとんど予想できず、起きた時の衝撃が大きい事象）のシナリオは、「**インフレ率の上昇と米長期金利2％乗せ**」でした。

　同年最初の営業日である1月4日の米10年物国債利回り（長期金利）は0.93％で、1％を超えるのを待っていましたが、そのタイミングは全くわからない状態でした。

　ところが、その翌日に実施された米大統領選のジョージア州決選投票結果が徐々に判明してきた1月6日、長期金利は1％超え。民主党が勝利す

ることを先取りした動きなのか、アメリカのことを詳しくわかっていない私はかなり悩みました。

そして、ある米系銀行が「民主党勝利となれば、10年の予算枠として2〜4兆ドルの財政支出が見込まれる。その多くは前倒しされるだろうから、下半期の米GDPとインフレ見通しは上方修正リスクあり。」とコメントしているのを発見しました。

ということは、次のようにダブル・コンボで、長期金利は上がらざるを得ないのかな？と考えました。

> **財政支出は、ほぼ赤字国債が財源 ➡ 長期金利上昇**
> **下半期のGDPとインフレ見通し　上方修正の可能性 ➡ 長期金利上昇**

ここで問題発生です。長期金利上昇が必ずしもドル高となるわけではありません。ただし、この時は次のようにネガティブ材料とポジティブ材料の両方があり、もしかしたら「ポジティブ＞ネガティブ」でドル高なのかもしれないとも考えたのです（図表23）。

図表23 ポジティブ材料とネガティブ材料を比較

ポジティブ材料
下半期のGDP
インフレ見通し上方修正

ネガティブ材料
財政支出増加
赤字国債増発

結論から先に申しますと、1月6日の10年物国債利回りは1.04％で取引を終え、その後一度も1％を下回ることなく、グングン上昇に転じました。

私はこの時珍しく、日足でドル円の取引をしたのです（図表24）。

①の1月6日に投票結果が出て長期金利が1％台に乗った時は、ローソク足はベガス・トンネルと12EMAの下にありました。徐々にローソク足が12EMAの上に抜けていき、後はベガス・トンネルの上にローソク足と12EMAが抜けるのを待つだけです。

セオリーでは、②のローソク足でドル買い／円売りをするのですが、その前日のローソク足の上ヒゲが長く形が良くないし、12EMAもかろうじてベガス・トンネルを抜けたという状況でしたので、買いは見送りました。

図表24 ファンダメンタルズとベガス・トンネルの組み合わせ

▼USDJPY,Daily
ドル円　日足

　その数日後、ローソク足はベガス・トンネルでサポートされ、12EMAもトンネルの上での推移となっていたのを確認し、③のところで、ドル買い／円売りを実行しました。

144EMAの位置と方向に注意する

　次ページの図表25は、ポンド円5分足にベガス・トンネルと12EMAを載せたチャートです。これを見て、何か気づいたことはあるでしょうか?

　トンネルの2本の線に注意してください。チャートの①左側では、144EMAが169EMAの上にあります。②の中間部では2本がほぼ重なった状態です。そして③の右側では144EMAが下になり、その上を169EMAが通っています。

　長い間ベガス・トンネルを見て気づいたことですが、もちろん絶対ではないものの、かなり高い確率で**144EMAが上にある時は「買い」、下にあ**

る時は「売り」が有効になるようです。2本が重なるような時は狭いレンジに収まっている時が多く、ボリンジャーバンドを引かなくても2本のトンネルの間隔を見れば、バンドが収束していることを想像できます。

　このように、ベガス・トンネルは**トレンド確認にも使える**ので、是非活用してみていただきたいと思います。

図表25 ベガス・トンネルと144EMAの位置関係で判断する

第 7 章

2023年以降の
マーケット注目テーマ

Forex Market Themes

7-01 ここからのヨーロッパの リスク

　ウクライナ侵攻以降、欧州を取り巻く環境が大きく変わりました。ユーロを取引する時には、通貨の値動きに加え、ヨーロッパの天候やガス価格を一緒にチェックする習慣ができたのが大きな変化かもしれません。

ポスト・メルケルのドイツ

　2021年9月のドイツ総選挙でメルケルさんの後任となった**ショルツ首相**。16年も続いたメルケルさんの後任ですので、誰が首相になっても見劣りしたでしょう。

　しかし政権交代から約半年後の2022年2月24日、突如として起こったロシアによるウクライナ侵攻をきっかけに、ドイツは歴史的な政策の方向転換に踏み切ったのです。

　ウクライナ侵攻からわずか3日後の2022年2月27日、ショルツ首相は議会で防衛費を1000億ユーロ追加すること、ウクライナへの武器供与を認める方針、国防費をGDP比で2%に引き上げること、2ヵ所のLNGターミナルを新設することなどを発表し、外交と安全保障面で驚くような変更を断行しました。メルケル前首相時代には何年かけても達成できなかった国防費増額が、あっという間に実現しただけでなく、緑の党を含む連立政権が頑なに拒否した武器供与や国防費の引き上げなども、一気に方向転換させてしまいました。

　これまでのヨーロッパの安全保障を振り返ると、（英国がEU加盟していた当時は英国と）フランスが軍事を担当し、ドイツは「口は出さずにお金だけ出す国」でした。しかしウクライナ侵攻をきっかけに、お金も出すが口も出す国に大変身したのです。この政策転換に最も驚いたのはフランスかもしれません。これはあくまでも私の印象ですが、マクロン仏大統領は

安全保障を筆頭にメルケル氏引退後のヨーロッパの長となることを企んで
いたと感じます。そのタイミングでのドイツの豹変には、マクロンさんに
とっては大きな誤算だったかもしれません。

　特にウクライナ問題、対露政策などは独仏も独断で決定はできず、バ
ルト3国やポーランドなどの東欧諸国の意見がカギを握ることもあり、欧
州内の力の配分がウクライナ侵攻により大きく変化する兆しがあります。

ハーベック副首相兼経済相は次期首相候補？

　ドイツ緑の党の共同党首の1人、**ハーベック副首相兼経済相**は、ウクラ
イナ侵攻がなければ次期首相の最有力候補でした。文学の博士号を持つと
いう異色の経歴で、国政での経験は10年未満。自信に満ちているが非常に
リラックスした物腰が有権者のハートをつかみ、常に野党落ちが当たり前
だった緑の党を与党に昇格させた立役者と言われています。

　そんなハーベックさんを取り巻く環境は、ロシアによるウクライナ侵
攻により一変します。ドイツがウクライナへの武器供与を認めることに反
対した国民は、ショルツ首相の決定を許した緑の党に怒りをぶつけました。
国民は、武器供与はモラルに反することだが、このままウクライナを見捨
てることもできず、怒りの矛先を探していたのでしょう。

　そんなある日、突然ロシアからのガス供給が途絶えたのです。ロシア
のガスへの依存度が最も高いドイツにとって、最も恐れていたことが現実
となりました。そして同国のエネルギー安全システムに問題が生じれば、
その責任はすべてハーベック経済相が負うのです。

　同氏は来る日も来る日もエネルギー確保と安全性をチェックし、最悪
の事態を想定し続けたそうです。たまたま私が読んだFT紙の記事では、
筆者が「この1年でハーベック氏の老いは信じられないほど進んだ。顔は
むくみシワも深くなっている。常に整っていた髪の毛もぐちゃぐちゃだ。
彼がどれほどの試練に直面したのかは、彼の風貌の変わりようで十分に伝
わってくる。」と表現していました。

　2023年に入り暖冬のおかげでエネルギー価格が一挙に下落に転じ、ハ

ーベック氏にやっと普段の日常が戻ってきました。今回のエネルギー危機を受け、政治家としての人気番付では同じ緑の党の**ベアボック外務相**に抜かれましたが、2025年の次期総選挙では、自分かベアボック氏が緑の党の党首となり戦うことになります。ショルツ首相よりも国民に慕われているハーベック氏は改めて次期首相候補に返り咲けるのか、見守りたいと思います。

フランスは解散総選挙のリスクあり？

2022年4月の大統領選挙で二度目の当選を果たし、2027年まで安泰かと思われたマクロン大統領。日本ではあまりニュースになっていませんが、その2ヵ月後の総選挙では同大統領所属の再生党を含む与党の議席が前回2017年総選挙よりも100議席以上減少。最終的にフランス下院では、与党の議席数が総議席577の過半数（289）を下回る状態が続いており、1988年以来初めて大統領所属政党が過半数割れの事態となりました。

代わりに躍進したのが、同年5月に結成されたばかりの左翼・共産主義系連合と、極右の**RN党（国民連合）**です。RN党の**マリーヌ・ルペン**氏は大統領選では敗れたものの、総選挙では議席を10倍以上に増やすという偉業を成し遂げ、最も輝く存在となりました。

与党が過半数割れということで、2022年秋に提出された2023年度予算案は、憲法49条3項に基づき**議会での採決なしの強制採決を断行**。そこまでマクロン政権は弱体化しているのです。

図表1 最近のフランス有力政党と総選挙の結果

	2017年総選挙	2022年総選挙
左翼・共産主義系連合 （不服従のフランス）	57議席	151議席
マクロン大統領所属：再生党を 筆頭とした与党連合	346	245
共和党（LR）	120	64
極右：RN党（国民連合）	7	89

2023年のマクロン政権の重要政策は**年金改革**です。思い起こせばフランスで年金改革が叫ばれると、必ずと言って良いほど長期に渡る**ストライキ**がついて回りました。2019年の年金改革の時には1ヵ月半に及ぶ公共交通機関の全面的ストップ。2023年2月には50万人規模の抗議デモが始まり、2018年の反政府抗議デモの「黄色いベスト運動」の再来を危惧する声も聞こえています。

　さらに6月27日に起きた17歳の少年が警察官に射殺された事件では、3千人以上が拘束される暴動に発展するなど、社会不安は増しています。

　最悪の事態として、一部のジャーナリストは年内にも解散総選挙実施という観測記事を載せていますが、**いずれにしてもフランス発政治リスクは一触即発かもしれません。**2023年のユーロの動向は金融政策頼みですが、ブラック・スワンとして「**フランス解散総選挙**」という政治リスクも頭の片隅においておきましょう。

EUの拡大は現実的か?

　2022年6月24日、EUはウクライナとモルドバを「加盟候補国」として承認、**ミシェルEU大統領**は「歴史的な日」と表現しました。本当にそこまで歴史的な日なのでしょうか? EU加盟については、トルコは1999年から、北マケドニアは2005年から、モンテネグロは2008年から加盟候補国になっています。しかし未だに正式加盟していません。

　今回の加盟候補国承認を皮肉る人は、この発表は単なるEUのシンボルであり、自己満足でしかないと語っています。そして比較的共通した意見としては、ウクライナが正式に加盟国となるのは遥か彼方の先。下手すると永遠に加盟は無理かもしれない、ということでした。

　どうして正式加盟できないのか? その最大の理由は、「補助金泥棒となる可能性が高いこと」だそうです。ウクライナ自身に自覚がなくとも、EUはその点を最も恐れているのでしょう。

　どんなに綺麗事を並べても、加盟国の承認過程では**コペンハーゲン基準**にそって厳しく審査されます。つまり、政治的、経済的などいくつもの基

国名	加盟申請	加盟候補国の認定	加盟交渉開始の決定	交渉開始（最初の章）
モンテネグロ	2008年12月	2010年12月	2012年6月	2012年12月
セルビア	2009年12月	2012年3月	2013年6月	2015年12月
アルバニア	2009年4月	2014年6月	2020年3月	2022年7月
北マケドニア	2004年3月	2005年12月	2020年3月	2022年7月
ボスニア・ヘルツェゴビナ	2016年2月	認定時期未定（現状では、潜在的加盟候補国の地位）		
コソボ	申請時期未定（現状では、潜在的加盟候補国。EUの5加盟国が、コソボの独立未承認）			

出所：欧州委員会資料を基に作成

出所：JETRO「地域・分析レポート」を一部修正（https://www.jetro.go.jp/）

準に合格し、最後は**加盟国の全会一致の承認**が必要です。

　図表2は、EU加盟候補国になってからの各基準の承認過程ですが、気が遠くなるほどの時間がかかります。そして、加盟候補国側だけでなく、EU側の新規受け入れ能力や本気度も重視されるはずです。

　どういう意味かと言うと、**EUは「全会一致」という決定も多く、加盟国数が増えれば増えるほど全会一致が難しくなります。** もう1つ大事なことは、欧州議会で選出される各国の議員数は人口とGDPのサイズで決定され、加盟国が増えれば増えるほど（欧州議会の議員定数を増やさない限り）各国の割当人数が減ってしまうため、それを嫌がる国もあります。

　特に小さい国にとっては、大国のドイツやフランス、イタリアの決定に反対するには、小国が集まって対抗するしかなく、その意味からも自国の定数を減らされることにはかなり消極的です。

　まず、人口だけを取り上げれば、ウクライナとポーランドの2ヵ国を足した人数はドイツの人口（約8300万人）とほぼ匹敵しますので、割当議員数などでウクライナを歓迎しない国もあるという意味です。

　たぶん他にもまだまだ歓迎できない理由があるかもしれませんが、ウクライナが加盟候補国に承認されたからと言って、EU加盟への道はニュースで見て思うほど簡単ではなさそうです。

7-02 2023〜24年は中国に要注意

　2022年10月の中国共産党大会で習近平国家主席は異例の3期目に突入し、中国共産党総書記、国家中央軍事委員会主席、国家主席と、中国の3大最高権力者の地位に就きました。

　独裁による文化大革命のような社会的混乱を二度と引き起こさないよう、1982年に国家主席は2期10年と定められましたが、2018年に自ら任期撤廃の憲法改正に踏み切り、自身の終身政権を可能としたのです。

　そしてさらに最高指導部と中央政治局委員には、経験や実力、専門知識などよりも習氏に忠誠を誓う人物が揃い、一強体制への動きを加速させています。

中国の政策エラーは世界に影響を及ぼす

　米バイデン大統領が2023年6月、演説の中で習氏を「独裁者」と表現しましたが、私の目にも3期目の習主席は、ロシアのプーチン大統領やトルコのエルドアン大統領のような独裁に映ります。コロナ対策だけをとっても、ある日突然ロックダウンが始まったかと思えば、2023年1月のように特に感染状況が改善されたわけでもないタイミングで一斉に「ゼロコロナ政策」が解除され、「ウィズコロナ」への転換を図りました。

　たぶんこれは規制撤廃を求める国民の抗議デモが多発し、最悪の事態として「第二の天安門」となるリスクを危惧したとも思え、民主化運動に発展するのを防ぐ狙いがあったと思われます。

　しかし今後も習氏の鶴の一声で政策が一夜にして変更される先の読めない未来が待っているのでしょうか？この絶対的権力により政策決定の透明性は低下し、政策内容に間違いがあっても誰も意見が言えず、にっちもさっちもいかなくなった時には、中国だけでなく世界を巻き込むような政策エラーが起きないとも限りません。

中国経済の動向は為替に直結？

　あれだけ固執していたかのように見えるゼロコロナ政策を呆気なく放り出した中国ですが、2023年第1四半期の実質GDP成長率（前年同期比）は4.5％と、回復しているとされています。しかし、過去2年間に及ぶ厳格なゼロコロナ政策の余韻を引きずり、経済そのものはまだまだ脆弱なままに見えます。

　果たして中国の景気回復が実現し、個人消費も大幅に改善して、傾いている不動産市場も活気を取り戻すのでしょうか。

中国景気が回復すると資源国通貨が買われる

　ウィズコロナ政策移行後に中国政府は景気支援を鮮明にし、倒れかけている中国経済の立て直しを宣言すれば、マーケットは**リスク・オン相場**を演じるでしょう。

　中国の景気回復の兆しが鮮明になれば、最初に買われるのは、鉄鉱石に代表される資源と「**資源国通貨**」なのは間違いないと思います。鉄鉱石やボーキサイトを始め、資源国として名高い豪州は、輸出の35 〜 40％が中国向けです。中国の景気回復により鉄鉱石や銅などの輸入が復活すれば、マーケットではそれを織り込む形で**豪ドル**を買う傾向があります。

　このように、資源と密接な関係がある資源国通貨を取引する時には、コモディティ市場の動きを参考にすると収益が伸びやすくなります。代表的な資源国通貨としては、豪ドル、カナダドル、レアル、ノルウェークローネなどが知られています。

図表3 代表的な資源国通貨とコモディティ

国名（通貨）	主な輸出品目
豪州（豪ドル）	鉄鉱石、石炭、天然ガスなど
カナダ（カナダドル）	原油など
ノルウェー（ノルウェークローネ）	原油・天然ガス、水産物など
ブラジル（レアル）	鉄鉱石、大豆、原油など
南アフリカ共和国（南アフリカランド）	プラチナ、鉄鉱石、金、石炭など

リスク・オンになれば資源や資源通貨に加え、新興国通貨も物色されます。反対に、金利水準が低い調達通貨（ファンディング通貨）として扱われやすい円や基軸通貨のドルが売られやすく、「有事のスイスフラン」の人気もガタ落ちかもしれません。

中国の景気が減速する場合

ウィズコロナ政策の失敗や世界的な景気減速の波に飲み込まれてしまうなどの理由で中国の景気が思うように回復しなかった場合は、**リスク・オフ相場**となる確率が高まります。

特に中国の景気減速がテーマとなったリスク・オフでは、原油や銅、鉄鉱石需要の減少を先取りし、コモディティ価格は下落します。それに呼応して、資源国通貨の代表である豪ドルなどが売られます。

過去の相場では、原油価格とドルは逆相関関係が一般的でした。しかし、21世紀に入り米国での**シェール革命**のおかげで、米国は世界最大の石油消費国でありながらもこれまでのような石油の輸入に依存せずに済むようになったため、**原油価格とドルが同時に同方向に動く相関関係も見られるようになりました。**

リスク・オフでは、調達通貨として売られていた円やドルの買い戻しが入りやすくなり、避難通貨の王様であるスイスフランと金が最も買われやすいという特徴もあります。

2023年以降に中国が直面する3つのリスク

次の3つが考えられます。

＞①景気回復は道半ば

習政権の成功のカギを握るのは、中国はウィズコロナ政策でも景気は回復していることを実証することでしょう。

ここからの経済について教科書的に考えれば、ゼロコロナ政策の解除により**ペントアップ需要**（景気悪化など何らかの理由で控えられていた需要が一気に回復すること。買い控えの後の反動的な消費。）が高まるはずです。ただし、中国の場合はロックダウン中の給与支払いがきちんと行わ

れていない労働者も多く、G7など主要国のように給与補助制度がしっかりしていない地域では、ペントアップ需要は期待できません。

　習政権は自身の経済運営が正しい成果を挙げていると強調するために、経済指標にゲタを履かせることもあるかもしれません。中国政府は2023年の経済成長率目標を5%前後（同年3月発表）としており、昨年よりもやや控えめな数字となっています。ちなみに、世界銀行は2023年の成長率予測を4.3%から5.6%（6月6日発表）へと上方修正していますが、IMFは2023年が5.2%、2024年が4.5%と予測しています（4月11日発表）。

　2023年7月17日の中国国家統計局の発表では、2023年4〜6月期の実質GDP速報値で、前年同期比で6.3%増、前期比で0.8%増でした。

　2023年経済で私が特に気にしているのは、**住宅市場**です。政府による改革や支援はパンデミック中に手つかずになっており、住宅開発会社はレバレッジを使用しているので、中国人民銀行は金融安定にも気を配るでしょう。もし予想以上に流動性供給に動いた場合などは、不動産セクターでの倒産の予兆かもしれません。中国の不動産市況は買い手が減り、深刻な状況にあるという報道も出てきています。

＞②コロナ対策の転換とこれから

　ブルームバーグとFT紙によると、中国の国立感染症対策センターである中国疾病預防控制中心（CCDC）から漏れた情報では、2022年12月1日〜20日の感染者数は2億5000万人。もしこれが正しければ、中国総人口の18%にも値する人数です。ちなみに、中国の**国家衛生健康委員会（NHC）**が発表した同期間の感染者数は、62,592人となっており、あまりにもケタが違います（国家衛生健康委員会は、2022年12月25日から感染者数の公表を下部機関に移管しています）。

　新型コロナ感染の致死率を0.3%とすると、2億5000万人の感染者からは75万人の死者が出る計算です。あくまでも仮定の話ですが、これと同じ比率で2022年12月から2023年1月末までの感染者数を計算すると7億5000万人となり、死者数は225万人にのぼります。

このように**ゼロコロナ政策**は悉く失敗に終わりましたが、数年後に一段落ついた時、NHCから発表された数字は偽造されたものだったとし、人口減少が予想以上に深刻であったことが判明するのかもしれません。

＞③抗議デモと台湾リスク

2022年11月から中国各地で起こった抗議デモ。特に月末に新疆ウイグル自治区の高層マンションで起きた火災で、政府による厳しすぎる感染対策により避難経路が閉鎖され不必要に多くの人が亡くなったとされ、近年では前例のない大規模な抗議デモとなりました。

もし2023〜24年にかけての冬に再度感染拡大が起き、長期に渡るロックダウンが実施されれば、新たな抗議デモが起きるリスクは高く、中国各地が連携して大きな民主化運動に発展する可能性もあるかもしれません。

もしも習政権が国民の不満から目を逸らす目的で台湾への干渉を強めれば、ウクライナに次ぐ地政学リスクの台頭となり、**有事のドルと円買い**になるかもしれません。伝統的な避難通貨であるスイスフランも買われますが、こういう場合はリスクの当該地域（この場合はアジア）で最も安全な通貨がまずは買われます。台湾と近距離に位置し、米軍の補給基地となるであろう日本の円が買われるのか？という疑問もあるでしょうが、流動性の面からは円以外にないと思います。

最後に、ウクライナ侵攻や台湾緊張のような「ガチの地政学リスク」を初めて経験した個人投資家の皆さんに一言申し上げます。

この手のガチ・リスクはそう度々起こるものではありません。実際に起きた時にどのようなヘッドラインに対し、どの通貨が最も大きく反応したのか、金利はどう動き、株価はどうなったのか、など徹底的に事例を洗い、今後の取引に役立てるための教訓とすべきでしょう。

7-03 日本の国力低下と 出遅れた日銀

　私が渡英した1980年代の日本は、イギリスでも非常に高い評価を受けていました。世界に誇るトヨタ、ソニーなど知らない人はおらず、教育水準も高く親切で礼儀正しく人間としてのモラルも高い国でしたので、羨望の眼差しで見られることもありました。

　しかしその後、90年代後半からは泣かず飛ばずの時期が長く続きます。デフレに苦しみ、生産年齢人口の減少とともに生産性は低下。税収も落ち込む年が増え、政治の影響力もほぼ期待できません。これらをまとめて「Japanification（日本化）」と英語では呼んでいますが、決して良い意味ではありません。

進む少子高齢化と債務残高増

　厚労省の人口動態統計年計（概数）によると、日本の2022年の出生数は77万747人で、初の80万人割れとなり、2016年に97万7242人で100万人を割ってから、7年連続の前年割れとなっています。

　また、財務省によると、2022年度末の普通国債債務残高は1043兆円となります。さらに図表4の主要国の債務残高を見ると、他国と比較して著しく借金体質になっている日本の姿が見えます。

　「日本の借金（赤字国債）は約9割を日本人が保有しているので、全く問題ない」という話を聞いたことがある方も多いでしょう。確かに日本国債は日銀を始め、国内の保有率がずば抜けて高いのは事実です。しかし、既に少子高齢化の波は押し寄せており、2050年には日本のGDP規模は現在の世界3位から8位にまで落ちるという長期予測もあります。

　その時に現状の年金制度や医療制度が継続できているかは非常に疑問で、人々の生活レベルや質が落ちることは避けられない懸念があります。

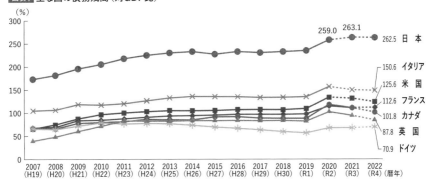

図表4 主な国の債務残高（対GDP比）

出所：財務省HPより抜粋

　購買力平価をベースに換算した2000年〜2020年の所得水準について、OECDのデータを使いチャートを作成してみました（図表5）。岸田総理の①インフレ率以上の賃上げという決意表明を聞いて、今までの日本の賃金について知りたかったからです。

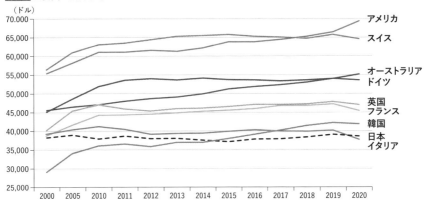

図表5 主要国の所得水準

出所：OECD（https://www.oecd.org/）のデータを元に作成

　このチャートを作成しながら私が深刻に受け止めたことは、相対的に日本の賃金が低いことよりも、**2000年から2020年まで全く賃金が上昇していないという事実**でした。日本とイタリア以外、どの国も程度の差こそありますが賃金は上昇しているので、この差は大きいですね。

賃金が上がらなくても物価が上がらなければ問題ない！という意見もあるかもしれません。実際、日本の物価は2022年に入りやっとインフレ率が上昇に転じましたが、それ以前は2000年からほとんど上がっていません。日本では値段は据え置いて内容量を減らす「ステルス値上げ」はあったものの、海外のように堂々と値上げにはなかなか動かないので、賃金が上昇しなくてもそれなりにやっていけると受け取られてしまうのでしょう。しかし、やはり海外から見ると「不思議な国」です。

　このように賃金が20年間も横ばいだと、見方を変えれば日本はずっと冴えないまま景気停滞に甘んじているだけの国と受け止められてしまいます。自分の国をもっと褒めたいのですが、賃金に関しては残念ながら期待以下の結果となってしまいました。

ここからの円相場と日銀の金融政策

　ここ10年間で最も日本の政治が海外メディアで取り上げられたのは、やはりアベノミクスでした。良し悪しはあるにせよ、日本の政治家で安倍さんほど海外のニュースで名前が出た方はおりません。英国での報道で岸田総理を見かけたのは、G7会合の集合写真くらいでした。

　私はロンドンに住んで34年になりますが、渡英直後はかなり日本のプレゼンスを感じたものの、中国の台頭以降は大きく低下したと痛感しています。米国、中国に次ぐ世界3位の経済大国である日本が、ここまで世界の中で忘れられていることが残念でなりません。

　日本悲観論を象徴するとも受け取れる動きが2022年に起きました。一時1ドル150円を超える**円安**です。為替市場の従事者であれば、この円安は日銀と諸外国の金融政策のベクトルの違いが主な理由であり、決して日本売りではないことを知っています。しかしジャーナリストの中には、「日本売り」という言葉を使う人もおりました。

　過去の利下げ局面では日本はどの国よりも早く行動に移し、世界初のマイナス金利を導入、量的緩和策（QE策）への舵取りも迅速でした。ところが、2022年のウクライナ侵攻や世界的なインフレ上昇局面では、日銀は

イールドカーブ・コントロール (YCC) をベースとした「連日の指値オペ」という超ウルトラ緩和策を継続し、世界中を驚かせたのです（167ページ参照）。

世界中の中央銀行が金利を引き上げる中、長期金利を作為的に低く抑えることで日銀が何と戦っているのか私にはわかりません。しかし日銀法第2条「日本銀行は、通貨及び金融の調節を行うに当たっては、物価の安定を図ることを通じて国民経済の健全な発展に資することをもって、その理念とする。」と定められているにも関わらず、インフレ率が物価安定の目標値に到達しても超緩和策を継続したことにより、日銀の信用性（クレジビリティー）は地に堕ちました。

2022年末時点で利上げに踏み切らなかった主要国は日本だけ。2023年7月現在、マイナス金利政策に固執しているのも日本だけという孤立無援の状態を作り出したのです。

なぜ日本だけが金利を上げられないのか？

どうして日銀だけが世界の趨勢に逆らい金利を上げなかったのか、これについて考えてみると、次のような理由が考えられます。

①長期金利が上昇すると日本国債が暴落し、日銀のバランスシートが大きく毀損してしまう

②日本政府の財政政策に対する配慮

③日銀の当座預金への利払い発生を避けたい

④地銀や信用金庫の破綻リスクを避けたい

①は最も深刻な問題です。もし本格的な日本国債暴落というシナリオになれば、最悪のケースでは債務超過も考えなければなりません。まあ、日銀は国債を満期まで保有する前提ですので、債務超過の可能性は低いかもしれませんが、可能性としては排除できません。

2023年6月27日に日銀が発表した2023年第1四半期の資金循環（速報）で

は、2023年3月末時点の国債発行残高は1230兆円。そのうち日銀の保有額は582兆円で保有割合は47.3％。うち長期国債だけだと約53％と5割を超えています。国債とは政府の借金です。その半分以上を日銀が保有するというのは異例中の異例なことで、**政府の財政運営をお手伝いする「財政ファイナンス」という禁じ手に踏み込んだという指摘もありました。**

①の次に私が注視しているのは、④**地銀や信用金庫の破綻リスク**です。

図表6は、日銀が2023年4月に公開した「金融システムレポート」からの抜粋です。有価証券投資に係るリスク分析の中の「円金利リスク」を見ると、金融機関が保有する円建て債券の金利リスク量は、上昇トレンドからやや減少気味となっていますが、依然として大きな水準となっています。

直近（右端）のリスク量の対自己資本比率を見ると、地銀では25％程度、信用金庫ではなんと35％程度となっています。

図表6 円債の金利リスク量

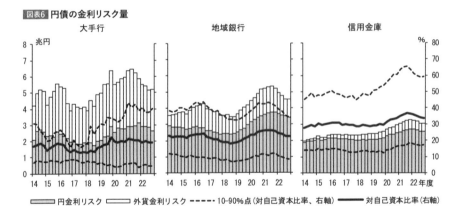

（注）1.「円金利リスク」は100bpv、「外貨金利リスク」は200bpv。外貨金利リスクはオフバランス取引を考慮。
　　　　直近は2023年2月末。
　　　2.「対自己資本比率」は、国際統一基準行はCET1資本ベース、国内基準行はコア資本ベース（経過措置を除く）。
（資料）日本銀行

出所：日本銀行「金融システムレポート（2023年4月）より抜粋

2021年に金融庁が日本の金融機関の**自己資本比率規制**を見直す目的で**バーゼル3最終化案****を公表しました。

　国際統一基準金融機関等は2024年3月末からの適用ですが、早期適用申請により約40の金融機関が2023年3月末から適用済みです。海外に支店を持たない地銀や信用金庫等は、2025年3月末からの適用となっています。

　バーゼル3最終化では、金融機関が直面する3つのリスク、①マーケット・リスク、②オペレーショナル・リスク、③信用リスクの算出方法が見直されます。

　もし植田総裁の日銀が、金融緩和からの出口戦略を明確にし、政策金利の引き上げや長期金利の上昇を制限しているYCCの解除に踏み切れば、リスク量が自己資本比率の20 ～ 30％の水準にある地銀や信用金庫の破綻リスクが紙面を飾る日が来るかもしれません。たぶんそれを避けるために、水面下では地銀・信用金庫の統合や業務提携などがこれまで以上に加速することが考えられます。

植田総裁下で日銀の政策転換なるか?

　2023年3月で黒田氏が退任し、4月から植田新総裁の下で日銀の新体制がスタートしました。

　前年の2022年12月20日の会合で、日銀はYCC変動幅を今までの±0.25％から±0.5％まで引き上げました。黒田総裁は「利上げではない」と主張しましたが、マーケットはそう受け取っていません。そして利上げをしないというコミットメントを主張すればするほど、本当に利上げに踏み切る時には約束破りと受け取られ、日銀の信用が大きく崩れるのです(日銀は2023年7月28日、変動幅は±0.5％を維持しつつも、指値オペ水準を従来の0.5％から1.0％とするYCC柔軟化を決定しました)。

**　**日本におけるバーゼル規制の実施**
　国際金融システムに影響を与える金融機関が破綻しないようにする銀行規制。万が一破綻しても、秩序ある破綻を可能にするため、国際的に統一ルールを策定。日本では1989年にバーゼルⅠ、2007年にバーゼルⅡ、2013年以降にバーゼルⅢがスタートし、2023年からバーゼルⅢ最終化を段階的に実施。

もし日本や日銀に対する信用性の低下が日本の格付け引き下げにつながれば、国債や円、株などの日本資産は売られます。それに加え日本の債務残高は世界で唯一、GDP比で200％を超えています。

　2022年から世界各国で始まった「インフレ率上昇により金融政策を緩和策から引き締めに変更し、利上げを実施する」という動きは、たぶん債務残高がさほど大きくない国では有効でしょうが、日本ほどの規模になってしまうと、利上げによる悪影響ばかりが目立つような気がします。

　私達の存命中は大丈夫かもしれませんが、孫やひ孫の代にはハイパーインフレーションを引き起こし、通貨価値を100分の1くらいにして債務残高を減らすといった、途方もない地獄が待っているかもしれませんね。

　そういう事態に備え、今からでも遅くないので、銀行にただ預金するだけというクセを直し、外貨で持つとか金を買うなどといった、自分の大事な資産のヘッジを心がけることが唯一生き残れる道かもしれません。

　最後になりますが、2023年の日銀の動きや円の動向については、第2章の日銀の節（87ページ）や第5章のドル円の節（162ページ）も合わせて参考にしてください。

日本銀行本店

7-04 2023年中に 米国の利下げはあるのか

　2008年の世界金融危機以降に生まれた人達は、誕生以来ずっとデフレや低インフレの毎日でした。ところが2020年にコロナ禍が拡大し、世界各国がロックダウンに踏み切った途端、人だけでなくモノの移動の自由が奪われました。これが発端となりサプライチェーンの逼迫が起き、モノの価格がじりじりと上昇に転じたのです。

　悪い時には悪いことが重なるもので、コロナ政策からようやく解放された2022年、ロシアがウクライナに侵攻。ウクライナは「欧州の穀倉地帯」と呼ばれており、世界に向けた穀物輸出に赤信号が点滅したのです。

　このように2022年には、サプライチェーンの逼迫・エネルギー供給懸念・食糧不足が一挙に押し寄せ、スパイラル的にインフレが進行。若い人達にとっては、初めて経験するインフレが始まったのでした。

1970年代以来の止まらないインフレ

　2021年下半期から顕著となってきたインフレの芽。その頃ほとんどの主要国中銀総裁は「インフレは一過性のもの」と口を揃え、深刻に受け止めてはいませんでした。そういう事情も手伝い、中銀の金融政策の正常化のタイミングは大きく後手に回り、2022年に入ると0.5％や0.75％という、歴史的にも例を見ない大幅利上げが繰り返されたのです（図表7）。

　あくまで一般論ですが、主要国中銀が「利上げ」をする場合は、1回で0.25％がデフォルトです。それ以上の利上げ幅になると、「普段と違う」というだけで市場かく乱要因となるので、中銀は常に先手を打って早めに動くことが望まれます。そもそも中央銀行は金融政策の決定に加え、市場の安定を維持する機関でもあるので、中銀自身が安定を損ねることはタブー中のタブーのはずでした。ただし、利下げについての考え方は違い、パ

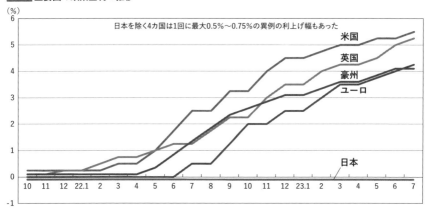

図表7 主要国の政策金利の推移

（％）

日本を除く4カ国は1回に最大0.5％〜0.75％の異例の利上げ幅もあった

米国

英国

豪州

ユーロ

日本

ンデミックや金融危機時のような「緊急的措置」の場合には、利下げ幅に拘らなくても良いでしょう。

　蛇足になりますが、英国では1997年にBOEが独立性を得て以来2022年まで一度も0.25％以上の利上げをしたことがありません。それくらい0.5％の利上げが異例な措置だということをご理解ください。

中立金利とターミナルレート

　中立金利とは、景気を過熱もさせず後退もさせない中立的な金利水準のことを指します。また**ターミナルレート**とは、利上げの最も高い「最終到達点」のことを指します。

　2022年6月頃になると、主要国の一連の利上げに対し「中立金利とその後の最終着地点はどこか？」をマーケットは探り始めました。米国と英国では3ヵ月ごとに発表される**マクロ経済予想**（254ページ参照）にきちんと明記されますが、ユーロ圏はコンセンサス頼みです。

　そもそも中立金利などを知る意味があるのでしょうか？実はあるのです。「利上げ＝金融引き締め」と考えがちですが、利下げの打ち止めから中立金利レベルまでの利上げは、「緩和策からの出口戦略のおかげで、やっと金利水準がニュートラル地点に到達した」と判断するからです。

中立金利に到達してから初めて、本格的なインフレ退治目的の金融政策引き締めゾーンに入りますが、2022年6月の米国の政策金利は1.5 ～ 1.75％で中立金利の2.5％まで到達しておらず、まだまだ緩和気味だったことがわかります。ECBに至ってはまだ動いておらず、翌7月の理事会で最初の利上げに踏み切り、大きく出遅れました。

　皮肉なことに、この頃からマーケットは2023年の**リセッション・リスク**を織り込み始め、利上げの最終着地点であるターミナルレート探しに時間を割きました。インフレ率が上昇し続けているタイミングでリセッション・リスクを織り込まざるを得なかった理由は、いくつかあります。

　最大の理由は、①アメリカが異例の0.75％利上げに踏み切ったこと。そして、②最もマイナス金利の深堀が大きいスイスまでもが前月に0.5％利上げ措置を取ったことです。これらが世界的景気先行き不安を引き起こすきっかけとなりました。

逆イールドは景気後退の予兆か？

　上記①②以外の理由としては、米2年物と10年物の国債利回り差（イールド・スプレッド）が**逆イールド（長短金利の逆転）**になったことも大きいでしょう。短期金利が長期金利を上回る状態の逆イールドは、景気後退（リセッション）の予兆とされています。過去平均では、逆転してから2年程度で景気後退となるようです。

　次ページの図表8のチャートでは、3ヵ月物・10年物と2年物・10年物のそれぞれイールド・スプレッドと米FF金利を入れています。

　青いハイライトの部分が0％を下回っており、逆イールド（長短金利の逆転）を示しています。これが発生すると例外なくリセッションが続きます。そして、これまた例外なく**リセッションに入る直前から政策金利が引き下げられている**のがわかります。

　当時のマーケットでは、米国のターミナルレートは5.0 ～ 5.25％とされ、2023年後半に最初の利下げ、その直後にリセッション入りというのが共通したシナリオでした。

図表8 **イールド・スプレッドとFF金利の推移**

リセッション

(%)

3ヵ月・10年物
イールド・スプレッド

米FF金利

2年・10年物
イールド・スプレッド

出所：米セントルイス連銀（FRED　https://fred.stlouisfed.org/）

　そして逆イールドになった頃（2022年7月）から長期金利の上昇も止まり、市場は典型的なリスク・オフ相場へ。国債が買われ長期金利は低下、株も低下。景気後退となれば原油使用量も減って原油価格も上昇がストップし、商品相場の代表的な指数である**CRB商品指数**も2022年6月をピークに値を下げてきました。

ワシントンのFRB

このように、2022年は上昇を続けるインフレと戦うため、主要国中銀はアグレッシブに利上げを繰り返しましたが、マーケット参加者は近い将来起きると予想される**リセッション・リスク**を先取りして織り込もうとやっきでした。長いことマーケットに従事する私ですら、初めての異常事態相場を経験することになったのです。

　2023年7月初旬時点でも、1年前から逆イールドとなった米2年物・10年物の開きがとても大きくなっています。

2023年中に利下げはあるのか？

　2023年に入ると、FED関係者の発言が急激にソフトになってきます。「今までの利上げが功を奏しインフレは下落傾向となってきた。だがインフレ目標の2％まで下がるには時間がかかる。よって金融政策変更は景気の腰を折らない利上げパターンに変える。」という感じです。景気への配慮という姿勢が出てきたことにマーケットは食いつき、ドルは年初から急落しました。そして2月のFOMCでは、パウエル議長は「モノと住宅セクター関連で、ディスインフレの兆候が見えてきた。」とディスインフレの兆候を指摘したので、マーケットはドン引きでした。

　果たして、2023年中に利下げができるのでしょうか？

　これについては米FOMCが発表する「**マクロ経済予想**」で予想できるでしょう。「Summary of Economic Projections」でグーグル検索すると、最新版を簡単に見ることができます。

　図表9は2023年6月の予想ですが、青いハイライトがGDP、2023 ～ 25年まですべてプラス成長で、リセッション・リスクについては考えていないことがわかります。

　グレーのハイライトはFRB理事達が考える将来の政策金利水準予想で、2023年まで利上げ、翌年からは利下げ実施ということで、2023年中の利下げは考えていないようです。

図表9 6月FOMCで示されたマクロ経済予想

Percent

Variable	Median[1]			Longer run
	2023	2024	2025	
Change in real GDP	1.0	1.1	1.8	1.8
March projection	0.4	1.2	1.9	1.8
Unemployment rate	4.1	4.5	4.5	4.0
March projection	4.5	4.6	4.6	4.0
PCE inflation	3.2	2.5	2.1	2.0
March projection	3.3	2.5	2.1	2.0
Core PCE inflation[4]	3.9	2.6	2.2	
March projection	3.6	2.6	2.1	
Memo: Projected appropriate policy path				
Federal funds rate	5.6	4.6	3.4	2.5
March projection	5.1	4.3	3.1	2.5

出所：2023年6月14日 米FOMC「Summary of Economic Projections」より抜粋

■著者紹介

松崎　美子（まつざき・よしこ）

1986年にスイス銀行東京支店入行、ディーラーアシスタントとしてスタート。1988年渡英。翌年より英バークレイズ銀行本店ディーリングルーム勤務。その後1997年より米投資銀行メリルリンチ・ロンドン支店でもFXとオプション・セールスをつとめた後、退職。2003年から個人投資家としてFXや株式指数取引を開始。

2007年から自身のブログ「ロンドンFX」などを通じ、ロンドン発で日本のトレーダーにわかりやすく欧州・米国を中心に最新為替関連情報を発信している。セントラル短資FX、フィリップ証券、外為どっとコム、JFX株式会社、ヒロセ通商、エフピーネット株式会社など、FX会社や投資助言会社でのコラム連載やユーチューブ番組への出演、セミナーのほか、複数のマネー誌への寄稿、日経CNBCテレビやラジオNIKKEIの番組など、多くのメディアに連載・登場している。

またDMMオンラインサロン「FXの流儀」、ユーチューブチャンネル「FXの流儀」のほか、WEB講座「ファンダメンタルズ・カレッジ」を主催している。

主な著書に『松崎美子のロンドンFX』『ずっと稼げるロンドンFX』(自由国民社)、監修に『ディーラーだった松崎美子さんがやさしく教える おいしく稼ぐFX入門』(standards)がある。

・ブログ「ロンドンFX」　http://londonfx.blog102.fc2.com/
・X（旧Twitter）　@LondonFX_N20
・DMMオンラインサロン「FXの流儀」(松崎美子、齊藤トモラニ)
　https://lounge.dmm.com/detail/1215/
・YouTube「FXの流儀」(松崎美子、齊藤トモラニ)
　https://www.youtube.com/@FXryugi
・WEB講座「ファンダメンタルズ・カレッジ」
　https://fundamentals-college.com/

FXファンダメンタルズの強化書

2023年10月5日 初版第1刷発行

著　者	松崎美子
発行者	石井　悟
発行所	株式会社 自由国民社
	〒171-0033 東京都豊島区高田3-10-11
	https://www.jiyu.co.jp/
	電話03-6233-0781（営業部）
本文DTP	有限会社 中央制作社
印刷所	奥村印刷株式会社
製本所	新風製本株式会社

ブックデザイン　吉村朋子